DR. MARKUS ELSÄSSER

DES KLUGEN

INVESTORS HANDBUCH

DR. MARKUS ELSÄSSER

DES KLUGEN INVESTORS HANDBUCH

Warum man mit **Nein!** das meiste Geld verdient und mit welchen Großaktionären man sich ins Bett legen darf

FBV | EDITION LICHTSCHLAG

MIT EINEM VORWORT VON SIMON ROLFES

Bibliografische Information der Deutschen Nationalbibliothek
Die Deutsche Nationalbibliothek verzeichnet diese Publikation in der Deutschen Nationalbibliografie; detaillierte bibliografische Daten sind im Internet über **http://d-nb.de** abrufbar.

Für Fragen und Anregungen:
info@finanzbuchverlag.de

1. Auflage 2016

ein Imprint der Münchner Verlagsgruppe GmbH
Nymphenburger Straße 86
D-80636 München
Tel.: 089 651285-0
Fax: 089 652096

Redaktion: Ulrike Kroneck
Korrektorat: Sonja Rose
Umschlaggestaltung: Marco Slovik, München
Umschlagabbildung: Vasya Kobelev/Shutterstock.com, Reinhold Leitner/Shutterstock.com, Lonely Walker/Shutterstock.com
Satz: Satzwerk Huber, Germering
Druck: GGP Media GmbH, Pößneck
Printed in Germany

ISBN Print 978-3-89879-996-6
ISBN E-Book (PDF) 978-3-86248-935-0
ISBN E-Book (EPUB, Mobi) 978-3-86248-936-7

Weitere Informationen zum Verlag finden Sie unter

www.finanzbuchverlag.de

Inhalt

Meinen Söhnen
Leonard und Julian

Vorwort von Simon Rolfes

Schon als kleiner Junge habe ich mich um meine Ersparnisse gekümmert. Mit elf Jahren habe ich meine erste Silbermünze gekauft und ich habe sie noch heute. Später dann, zu Anfang meiner Profi-Fußballkarriere, habe ich jeden Monat Geld zur Seite gelegt. Gleichzeitig fing ich an, Bücher über Finanzen und Kapitalanlagen zu lesen. Besonders der Ansatz von Warren Buffett aus Omaha mit seiner Berkshire Hathaway Holding hat mich fasziniert.

Im Lauf der Jahre war ich mit der Art und Weise, wie meine Bank mit meinem Geld umging, immer weniger zufrieden. Im Jahr 2007 wurde mir dann klar, dass das auf Dauer nicht gut ausgehen würde. Ich musste etwas unternehmen und aktiv werden. Allein kam ich aber nicht weiter und deshalb machte ich mich auf die Suche nach einem Experten in Sachen Finanzen. Ein Bekannter empfahl mir, den Kontakt mit Dr. Markus Elsässer aufzunehmen.

Das erste Treffen verlief ganz anders als ich es erwartet hatte. Statt einem üblichen Beratungsgespräch unterhielten wir uns etwa fünf Stunden lang. Völlig ungestört und in aller Seelenruhe brachte mir Dr. Elsässer seine Sicht der Finanzen näher. Statt gleich Aktientipps zu besprechen, konzentrierten wir uns im Gespräch auf die weite Sicht der Dinge.

Ich verstand, dass kluges Geldanlegen mit fundamentalen Entscheidungen über den weiteren Weg des eigenen Lebens zu tun hat. Die langfristigen Ziele mussten erst einmal definiert werden.

Auf das erste Gespräch folgten weitere intensive Sitzungen. Für mich hat es sich gelohnt. Wir beschlossen eng zusammenzuarbeiten.

Das war im Jahr 2008. Den großen Finanz-Crash habe ich daraufhin ohne Probleme überstanden und die Entwicklung meiner Finanzen ist seither überdurchschnittlich gut. Ich habe meine neue Sicht auf das Kapitalanlegen konsequent umgesetzt.

Dr. Elsässer hat mich von Anfang an mit seiner Passion für den sorgsamen Umgang mit Kapital beeindruckt. Messerscharf analysiert er als unabhängiger Profi-Investor das Finanzgeschehen. Seine Erfahrung in der internationalen Industrie sowie sein Verständnis für die Mechanismen und die Psychologie der Börse sind das Ergebnis einer lebenslangen Arbeit.

Ich freue mich sehr, dass er sich entschlossen hat, dieses Buch zu schreiben. Er gibt sein Wissen mit Engagement an den Leser weiter. Die Börse ist kein Buch mit sieben Siegeln. Jeder kann seine Ausgangslage verbessern. Sie werden sehen, die Lektüre des »Handbuchs« wird sich für Sie lohnen.

Ich wünsche Ihnen viel Spaß beim Lesen,
Ihr
Simon Rolfes

I.
Der Investor – die eigene Psyche berücksichtigen

Sie brauchen kein Studium zu absolvieren, um ein erfolgreicher Investor zu werden. Es gibt auch keinen Grund, sich vom Fachchinesisch der sogenannten »Finanzexperten« abschrecken zu lassen. Standardisierte Patentrezepte gibt es allerdings nicht.

Fangen Sie mit sich selbst an. Finden Sie heraus, was für ein Typ Sie überhaupt sind, wenn es um Ihr Geld geht. Die Art und Weise, wie Sie mit Aktien und der Börse umgehen, sollte ganz auf Ihre Persönlichkeit abgestimmt sein. Wenn Sie ehrlich mit sich selbst ins Gebet gehen, haben Sie eine gute Chance, dauerhaft erfolgreich Ihr Kapital zu vermehren.

1. Am Anfang steht die Frage: Spekulant oder Investor?

Viele Geldanleger wundern sich, warum ihnen an der Börse im Verlauf der Zeit so wenig gelingt. Falsches Timing, zu spät eingestiegen, zu früh verkauft ... immer das Gleiche. Worauf es ankommt, ist eine klare Positionierung: Bin ich ein Investor oder bin ich ein Spekulant? Dazwischen gibt es nichts. Aber was macht einen Spekulanten aus? Und was ist eigentlich der Unterschied zum Investor?

Ein Investor beschäftigt sich mit der Beurteilung des Unternehmens, in welches er an der Börse gedenkt zu investieren. Er bildet sich eine Meinung über die Qualität der Firma und ihrer Produkte. Ihn beschäftigen die Ertragslage und die Bilanz, die Marktstellung, die Firmenkultur und die Zukunftsaussichten des Unternehmens.

So kommt er schließlich zu seiner Investmententscheidung: Kaufen oder die Finger davon lassen. Schwankende Börsenkurse lassen ihn dann meist kalt. Ihn interessiert seine eigene Einschätzung des Wertes der Firma – und nicht die der Börsianer. Langfristig wird sich seine Berechnung des Wertes auch an der Börse im Kurs widerspiegeln.

Der Spekulant hingegen hat den Börsenkurs im Auge. Er kalkuliert und sinniert, wie sich der Kurs der Aktiengesellschaft entwickeln wird. Wie es mit dem Unternehmen im Einzelnen steht, ist für ihn mehr oder minder unerheblich. Oft wissen Spekulanten nicht einmal, was die Firma überhaupt herstellt, wie der CEO heißt oder wo sich die Firmenzentrale befindet. Der Spekulant muss sich mit den Finanzmärkten und der Börsen-Massen-Psychologie gut auskennen; nicht mit der einzelnen Aktiengesellschaft.

Der berühmte Financier B. Baruch, der den großen Crash an der Wall Street 1929 erfolgreich überlebte, hat das Wesen des Spekulanten schon vor langer Zeit treffend erfasst. Der wahre Spekulant ist ein Mensch, der Prognosen stellt und der handelt, bevor das betreffende Ereignis eintrifft. Er muss wie ein Chirurg imstande sein, eine Masse komplizierter und widersprechender Einzelheiten zu erforschen, ehe er die wichtigen Faktoren feststellt. Dann muss er imstande sein, mit kühlem Kopf geschickt auf der Grundlage dieser Faktoren zu operieren. Die Aufgabe, an der Börse die Faktoren festzustellen, ist deshalb so schwierig, weil wir zu dem Zweck einen dichten Schleier menschlicher Affekte durchdringen müssen. Die Kursschwankungen werden nicht von unpersönlichen wirtschaftlichen Kräften und wechselnden Ereignissen bewirkt, sondern von den Reaktionen der Menschen auf diese Geschehnisse. Das ständige Problem des Spekulanten besteht darin, die harten wirtschaftlichen Tatsachen von den warmen Gefühlen der Menschen, die mit diesen Faktoren zu tun haben, zu trennen. Besser kann man es nicht auf den Punkt bringen.

Das bedeutet für den Börsenerfolg: Entweder mache ich mich auf und bemühe mich, ein profunder Investor zu werden, oder ich strebe an, ein gewiefter Spekulant zu sein. Wer auf seinem eingeschlagenen Weg konsequent Kurs hält, der hat gute Chancen. Eines führt aber garantiert zum Misserfolg: Einmal Spekulant »zu spielen«, dann den »weisen« Investor zu markieren, je nach Lage und Stimmung, mal so oder so – das endet im Abseits.

2. Nicht jeder ist ein Warren Buffett

Bevor Sie den Fuß auf das Börsenparkett setzen, sollten Sie wissen, was für ein Anlegertyp Sie eigentlich sind. Das Thema ist wichtiger, als Sie denken. Das Problem: Dabei hilft Ihnen kein Bankberater.

Es gibt Investoren, die ihr Geld langfristig in Aktien anlegen. Sie ignorieren Kursschwankungen und bleiben über viele Jahre und Jahrzehnte in einer Aktie engagiert. Sie glauben an Sachwerte und vermeiden Papiergeld und Bonds als Kapitalanlage.

Doch nicht jedem Geldanleger ist diese Art des Investierens zu empfehlen. Mancher hat einfach nicht den Langmut und die Nerven, Aktienpositionen so lange zu halten. Anderen ist es viel zu langweilig und es juckt ihnen in den Fingern, auch mal Aktien zu verkaufen. Sie möchten im Lauf der Zeit auch lieber andere Aktienchancen wahrnehmen. Wiederum andere brauchen das Erfolgserlebnis, sich mit realisierten Kursgewinnen brüsten zu können.

Hier geht es nicht so sehr darum, welche der beiden Strategien zu mehr Erfolg führt: also echter Langfrist-Anleger versus de facto Kurzfrist-Spekulant. Jedem Geldanleger ist dringend anzuraten, herauszufinden, zu welcher Kategorie er gehört. Dabei muss er in der Selbstanalyse ehrlich mit sich umgehen. Es hilft nichts, erfolgreiche oder prominente Großinvestoren nachzuahmen oder deren Mantra nachzubeten.

Ein gutes Beispiel hierzu ist der »Fall« Warren Buffett aus Omaha. Mit seiner Langfrist-Strategie, über Jahrzehnte engagiert zu bleiben und nur selten Aktienblöcke oder Unternehmen zu verkaufen, hat er eine fantastische Lebensleistung hingelegt. Er wird von vielen Kleinaktionären und Investoren geradezu verehrt. Seinen Worten wird andächtig gelauscht. Zur Hauptversammlung ins abgelegene Omaha pilgern Tausende. Sie alle versuchen, ihm nachzueifern, um auch solch ein kluger Investor zu werden.

Doch nicht jeder besitzt das Psychogramm eines Warren Buffett. Und da kann der andächtige Investor 20-mal nach Omaha reisen, er wird nie das gleiche Nervenkostüm besitzen, wie das »Orakel von Omaha«. Buffetts Berkshire Hathaway Portfolio lässt sich nicht eins zu eins ins eigene Depot übertragen.

Vor allem aber ist auf Warren Buffett Verlass. Er verfügt über unangreifbares Eigenkapital. Trotz seiner überragenden Erfolge hat er kein Ego-Problem. Er lässt seinen Beteiligungen unternehmerisch freie Hand. Seit 55 Jahren hat er dies bewiesen. Das hat weltweiten Seltenheitswert.

Es klingt natürlich gut, wenn man sich als weiser Investor gibt, der – genau wie Buffett – besonnen und langfristig sein Kapital verwaltet. Dem die Börsenturbulenzen nichts ausmachen. Der auch 2008 immer ruhig geschlafen hat. Der sich im Sommerurlaub August 2015 nicht über die plötzlich fallenden Kurse geärgert hat.

Doch die Frage ist: Sind Sie wirklich so gestrickt? Vor allem Geldanleger aus angesehenen Berufen oder vornehmen Kreisen, tun sich schwer, sich zu »outen«. Welcher Steuerberater oder Rechtsanwalt gibt gerne zu, dass er ein nervöser Zocker ist? Welcher Generalbevollmächtigte einer Industriellenfamilie bekennt mit Freude, dass er besonders von den unseriösen Spekulationen fasziniert ist?

Nach meiner langjährigen Erfahrung steht für mich fest: Es spielt keine Rolle, ob Sie dabei sind, ihre erste Aktie zu kaufen oder schon seit Jahren mit mäßigem Erfolg »hin und her wurschteln«. Eine Selbstanalyse ist das A und O. Und da hilft ihnen kein Bankberater oder Vermögensverwalter. Diese Leute werden Ihnen nicht schonungslos den Spiegel vorhalten. Wer an der Börse auf Dauer mit Freude und Erfolg sein Kapital investieren möchte, muss genau wissen, mit wem er es »auf der Kommandobrücke« zu tun hat. Sie selbst sind das eigentliche Risiko. Ihre Anlagestrategie muss mit ihrem Charakter und ihrer Natur übereinstimmen. Wenn Sie das schaffen, werden Sie sich in Ihrer Haut viel wohler fühlen. Und es würde mich gar nicht überraschen, wenn sich plötzlich auch Ihre Performance verbessert. Nur so werden Sie konsequent und systematisch Geld anlegen können. Andernfalls werden Sie immer wieder mit den Börsenstürmen aus der Kurve getragen werden.

Mein Tipp: Wenn Sie die Selbsterforschung ganz allein einfach nicht schaffen, dann laden Sie mal jemanden zu einem vertraulichen Gespräch ein, der Sie noch gut aus Ihrer Kindergarten- oder Grundschulzeit kennt. Damals waren Sie nämlich noch so, wie Sie wirklich sind. Erst danach fing es an, dass Sie »verbogen« wurden.

Tja, die Börse ist doch für vieles gut.

3. Langfristig investieren – im Schlafwagen reich werden

Vermögen basieren meist auf klugen Langfrist-Strategien und Durchhaltevermögen. Doch mit dem langfristigen Denken ist es nicht so einfach.

An der Börse genießen die erfolgreichen Langfrist-Investoren einen guten Ruf. Sie werden wie Dinosaurier betrachtet, die in einer fernen Zeit die Gunst der Stunde nutzen konnten. »Ja, damals in den 80er- und 90er-Jahren, ja da waren die Aktien noch billig zu haben.«

Dabei wird völlig übersehen, dass eine langfristige und konsequente Anlagepolitik ganz grundsätzlich die Chance auf einen Vermögenszuwachs deutlich erhöht. Dies ist leider in Vergessenheit geraten. Das Finanzsystem der Großbankenindustrie bevorzugt eher das kurzfristige Agieren bis zum nächsten Lattenzaun.

Wann hat Ihr Bank- oder Finanzberater Ihnen das letzte Mal zugeraten, eine attraktive Aktie oder einen erstklassigen Fonds mindestens zehn oder 20 Jahre im Depot zu behalten? Auch in Zeiten der Finanzturbulenz? Hat man Ihnen die schönen Erfolgsbeispiele aufgezeigt, wie sich solche Langfrist-Investmentansätze in jüngster Zeit für andere Anleger ausgezahlt haben? Noch nie? Es würde mich gar nicht wundern.

Dabei liegen die Erfolgsgeschichten auf der Hand. Schauen Sie sich die Kursentwicklungen über lange Zeiträume an und machen Sie sich klar, wie schnell diese Zeitabschnitte letztendlich vergangen sind. Ich möchte hier nur zwei Beispiele exemplarisch erwähnen.

Die Nestlé-Aktie notierte im April 2003 bei 18 Euro und ist bis zum April 2016 auf 65 gestiegen. Und an der Frankfurter Börse hat sich die Darmstädter Merck KGaA mit einem Wertzuwachs von 23 Euro auf 104 Euro ebenfalls außerordentlich gut entwickelt, in der Zeit vom März 2003 bis zum April 2015.

Dieses Muster gilt seit dem Zweiten Weltkrieg in Etappen von zehn bis 20 Jahren. Exorbitante Vermögenszuwächse dieser Art sind also keine Ausnahmeerscheinung der Jahre 2003 bis 2016. Neben den erfreulichen Kursanstiegen hat es zusätzlich bei vielen Aktien auch noch einen warmen Dividendenregen gegeben. Und zwar mit jährlich steigender Tendenz.

Viele Geldanleger wollen dies einfach nicht wahrhaben. Das gut gehütete Geheimnis wird nur selten gelüftet: Das geduldige Aussitzen in erstklassigen Werten war und ist die beste Methode, um mit seinem Kapital stressfrei voranzukommen. Ein Value-Investor-Freund von mir nennt es so: »Im Schlafwagen reich werden«.

Es erfordert ein Umdenken. Ziehen wir eine alte Formel zu Hilfe. Bei der Bestimmung der Aktienquote galt früher die Faustregel: »100 minus Alter«. Wer also 30 Jahre alt war, der sollte 70 Prozent seines Vermögens in Aktien anlegen. Wer 60 Jahre alt war, hingegen einen Aktienanteil von nur 40 Prozent halten. Analog wurde zum Thema »Haltedauer« gedacht.

Schon seit 20 Jahren empfinde ich uns als Pioniere im statistischen Niemandsland. In Zeiten einer immer besseren medizinischen Versorgung, bei einer Lebenserwartung, die durchaus die 100-Jahre-Grenze überschreiten kann, interpretiere ich das Wort »langfristig« anders als in meiner Jugend. Ich plädiere umso mehr für Langfrist-Perspektiven bei der Geldanlage, seit das Festzinseinkommen quasi auf »null« gesetzt worden ist.

Im bisherigen Schema ist es der typische Geldanleger gewohnt, lediglich im Lebensabschnitt von 40 auf 60 Jahre (unter Umständen) langfristig zu denken. Doch heute ist auch dem Sechzigjährigen anzuraten, erneut mit einer 20-Jahresperspektive zu investieren. Denn 80 Jahre alt zu werden, ist heutzutage keine Kunst.

Ich würde, gerade angesichts einer unsicheren staatlichen Rentenversorgung, grundsätzlich meine Anlagestrategie langfristig ausrichten. Unabhängig von meinem Alter. Auf dem Weg in eine echte finanzielle Unabhängigkeit reist es sich im Schlafwagen einfach bequemer.

4. Einfach nichts tun – eine gute Börsenregel

Die alten Börsianer haben es schon immer gewusst: »Hin und her, macht die Taschen leer.« Die Broker- und Börsenbranche ist jedoch auf möglichst viele Transaktionen aus. Kluge Investoren zeichnen sich durch Besonnenheit und Ruhe aus. Sie befolgen einen Rat, den sie selten von Bankern zu hören bekommen: Einfach nichts tun!

Warren Buffett (85 Jahre) sagte einmal in Omaha: »Es gibt Zeiten an der Börse, in denen sich der brillante Investor durch Nichtstun auszeichnet.« Und auch sein Weggefährte Charlie Munger (91 Jahre) aus Kalifornien stellte fest: »Eine wirklich gute Aktie ist die, auf der man lange Jahre sitzen kann.« Das hat nichts mit einem Plädoyer für die Faulheit zu tun. Es wird aber meist verkannt, dass ein Vermögen nicht über Nacht entsteht. Es muss heranreifen. Statt nervös täglich die Börsenkommentare zu studieren, kann der besonnene Anleger mit seiner Zeit Besseres anfangen: lesen, Musik hören, etwas für die Gesundheit tun.

Der Aufbau eines Vermögens hat nichts mit Aktionismus zu tun. Es bedarf einer langfristigen Strategie. Es läuft auf eine einfache Formel hinaus: Vermögen bilden ist gar nicht so schwer, aber recht langweilig. Und es gibt auch heute noch solche Aktien, die dieses Langfrist-Potenzial bieten. Schauen Sie sich die Fielmann AG-Aktie mal an. In den vergangenen elf Jahren hat sich der Wert mehr als verfünffacht!

Der Jugendfreund meiner Großmutter, Walter Beiler, war in den Wirtschaftswunder-Jahren ein bekannter Freimakler mit Sitz an den Börsen in Frankfurt und Düsseldorf. »Was im Wald der Keiler, ist an der Börse Walter Beiler«, so wurde er in der Presse bezeichnet. Als junger Mann besuchte ich ihn 1973 in seinem Börsenkontor auf der Galerie des Düsseldorfer Börsensaals. Bedächtig und leise wies er mich auf einen Kollegen im Nachbarbüro hin, und sagte zu mir: »Pass auf, das ist ein wirklich großer Könner mit den Aktien. Der macht oft gar nichts.« Damals wunderte ich mich über diese Aussage. Heute, mehr als 40 Jahre später, weiß ich seinen Rat zu schätzen.

5. Das meiste Geld verdient man mit dem Wort »Nein«

Innere Unruhe und Tagesnachrichten sind schlechte Ratgeber. Die Angst dominiert. Dabei ist der Schlüssel zum Geldverdienen leicht zu finden: das Wort »Nein«.

Ob man nun kauft oder verkauft. Die Versuchungen liegen am Wegesrand. Bombardiert von Tagesnachrichten aus der Finanzwelt lassen sich viele Geldanleger immer wieder in die Irre führen.

Dabei liegen die Quellen des Übels auf zwei Gebieten. Zum einen, getrieben von der Angst, Chancen zu verpassen, juckt es den Geldanlegern ständig in den Fingern, auf fahrende Züge aufzuspringen. Zum anderen werden die Investoren, durch die lauernde Sorge vor Verlusten, immer wieder zum Verkaufen und zum unnötigen Ausstieg aus Engagements verleitet. Aus Engagements, die es wert gewesen wären, langfristig zu behalten. Überall sind diese Phänomene zu beobachten: ein Aktionismus mit fatalen Folgen für das Ersparte. So lässt sich nichts Großes aufbauen.

Der alte Börsenspruch »Hin und her macht die Taschen leer« hatte schon seine Berechtigung. Nach wie vor basiert das meiste Einkommen in der Broker- und Börsenbranche auf Transaktionsgebühren. Das heißt: Je mehr gekauft und verkauft wird, umso mehr verdient die Branche. Ganz besonders ausgeprägt ist das in den Vereinigten Staaten von Amerika. Dort erhalten die meisten angestellten Broker kein festes Monatsgehalt. Sie bekommen lediglich einen Prozentsatz von den Transaktionsgebühren, die ihre Kunden erwirtschaften. Deshalb ist es auch völlig sinnlos, von wenigen Ausnahmen abgesehen, einen Wertpapierberater zu fragen, ob man eine bestimmte Aktie verkaufen oder kaufen sollte. Das ist so, als wenn Sie ins Frisörgeschäft gehen und fragen, ob Sie wohl einen Haarschnitt haben sollten.

Ich habe das Glück, seit zwei Jahrzehnten mit Bankiers in der vierten Generation geschäftlich befreundet zu sein. Es sind zwei Brüder, in Paris und in der Schweiz aufgewachsen, die auch heute noch mit ihrer Privatbank voll umfänglich haften, auch mit ihrem Privatvermögen. Solche Geschäftsleute sind nur noch selten in unserer Zeit anzutreffen. Sie haben sich von jeher für internationale

Qualität und Unabhängigkeit entschieden. Nach dem Zweiten Weltkrieg beschäftigten sie 60 Mitarbeiter, heute sind 62 Leute in der Bank. Mit Umsicht und viel Engagement betreiben sie ihr Bankgeschäft. Nicht weiter verwunderlich: Die Lehmann-Krise im Jahr 2008, der zahlreiche Banken zum Opfer gefallen sind und in der andere Institute nur durch die Hilfe von Politikern überlebt haben, ist an ihnen unbeschadet vorübergegangen.

Von klein auf haben sie zu Hause, sozusagen am Frühstückstisch, bei Gesprächen ihres Vater und Onkels mit spitzen Ohren zugehört. So bekamen sie mit, was in der Bankenwelt schlecht und gut lief. Eines der Prinzipien, das ihnen immer wieder nahegelegt wurde, war: »Boys, never forget, we make more money, saying – no«. Dieser simple Satz hat es in sich und trifft den Nagel auf den Kopf. Für den Investor ist es nun mal so: Dauerhaft erfolgreiche Geldanleger und Unternehmer vermeiden schlechte und mittelmäßige Geschäfte. Sie konzentrieren sich auf ein Gebiet. Dort wächst ihr Fachwissen und ihre Kompetenz. Und dort halten sie auch durch. Stehvermögen mit Know-how ist am Ende das, was den Unterschied ausmacht.

Nach meiner langjährigen Beobachtung liegt die Wurzel des schlechten Geldanlegens häufig im beruflichen oder privaten Umfeld. Besonders Menschen, die einem Beruf nachgehen, der oft als repetitiv oder langweilig betrachtet wird, sind stark gefährdet. Zahnärzte und Notare beispielsweise, um nur zwei Berufe zu nennen, sind an ihre Praxis- oder Büroräumlichkeiten gebunden. Nach ein paar Jahren im Beruf fehlt es ihnen an echten Herausforderungen. Das Einerlei des Tagestrotts ermüdet.

Da bietet sich das Geldanlegen, das Spekulieren, sozusagen als Flucht in eine andere Welt an. Der Nervenkitzel eines Finanzabenteuers wird unterbewusst regelrecht gesucht. Auch zu Hause ist nicht selten folgendes Szenario anzutreffen: Nach vielen Jahren des Familienlebens wird am Abendtisch von den Familienmitgliedern wenig Interesse an der beruflichen Tagesleistung gezeigt. Lob und Anerkennung gibt es kaum noch. Wie wohltuend sind da doch die Telefonate mit dem Anlageberater oder dem Vermögensverwalter. »Ja der, der hat noch Verständnis, der weiß noch zu schätzen, was ich hier so täglich leiste.«

Und so driftet mancher Erfolgsmensch als Dauer-Amateur ins Finanzgeschehen ab. Und in der Regel ist das Endergebnis immer das Gleiche: Im Boom kauft er mit vollen Backen auf hohen Kursen zu. Und im Crash, so 2008 und 2009, wird er ganz nervös und steigt schließlich genau zum Markttief aus. Er fühlt sich wie ein geschlagener Hund, ungerecht und schlecht behandelt.

Wer sich auf das schlüpfrige Börsenparkett wagt, sollte seine Emotionen vorher an der Garderobe zusammen mit seinem Mantel abgeben. Langeweile, Abenteuerlust, Frust im Beruf, ein Vakuum im häuslichen Leben – all das darf keinen Einfluss auf das Investieren und Geldanlegen haben. Solche Defizite sollte man mit anderen Interessen ausgleichen: Vielleicht ein Hobby aktivieren, einem Sport nachgehen, ein Musikinstrument erlernen, sich sozial engagieren im Non-Profit-Sektor. Aus eigener Erfahrung kann ich ihnen versichern, dass sich meine Performance an der Börse nochmals verbessert hat, seitdem ich im Alter von 55 Jahren angefangen habe, Geigenunterricht zu nehmen. Ganz egal, wozu Sie sich entscheiden: Um Gottes willen, lassen Sie bloß Ihr Kapital in Ruhe.

Es geht nicht nur um die vielen, unnötigen Spesen. Das ständige Investieren bei jeder spannend aussehenden Gelegenheit hat ja viel schlimmere Folgen. Ehe man sich versieht, ist man im Verlauf der Zeit voll investiert. Das Aktiendepot quillt über von schiefgegangenen Spekulationen und Engagements. Meist weiß man gar nicht mehr richtig, warum man die eine oder andere Aktie überhaupt gekauft hat. Das typische Bild eines solchen Depots: nichts an strategischer Überlegung, eher ein Regal voller angebissener Äpfel. Ein Bild des Jammers. Von Vermögensaufbau oder -ausbau keine Spur.

Im Geschäftsleben und an der Börse kann ein jeder unendlich große Erfolge einfahren. Es erfordert nur eins: die Erkenntnis und Zuversicht, dass einem im Leben exzellente Gelegenheiten offeriert werden. Aber eben nur wenige! Ich sehe das so: Die Kunst liegt in der Ruhe, geduldig abzuwarten, auf das Meer zu schauen und nach dem ganz großen Tanker Ausschau zu halten. Und dann eines Tages, da taucht er auf. Ganz dicht vor den Augen fährt er langsam an einem vorbei. Viele Investoren verpassen diesen schönen Augenblick. Oder sie sehen den großen Tanker einfach nicht. Sie meinen, eine Wolke verdunkle das Bild. Und im zweiten Schritt muss man die Gelegenheit beim Schopf ergreifen und zuschlagen. Mit Kapital in den Taschen heißt es nun, an Bord zu gehen.

Das sind unwiederbringliche Momente, auf die der Geldanleger vorbereitet sein muss.

Wer aber nicht systematisch Disziplin hält und ständig in Mittelmaß investiert, der kann im entscheidenden Moment als Investor nicht »zuschlagen«.

Es ist immer das Gleiche. Im entscheidenden Moment – wenn in der Megakrise beste Assets, Grundstücke, Aktien und Firmenbeteiligungen quasi verschenkt werden – hat kaum ein Investor Liquidität, um zu kaufen. Es ist eine uralte Beobachtung an der Börse: Zu Zeiten extremster Ausschläge, sowohl im Hyper-Boom überkochender Kursnotizen als auch im tiefsten Ausverkaufs-Crash, hält die Irrationalität der Massenhysterie viel, viel länger an, als man es für möglich hält. Das sind die Momente, in denen große Vermögen gemacht werden.

Es sind die Investoren, die lange Zeit – über Jahre hinweg – immer wieder »Nein« sagen, die groß rauskommen. Bitte also noch einmal: Betreiben Sie keine Beschäftigungstherapie mit Ihrem Geld, sondern ergreifen Sie nur außergewöhnliche Gelegenheiten!

Wen es beruhigt: Warren Buffett ist ebenfalls von diesem Ansatz überzeugt. Er gebraucht nicht mein Bild vom »großen Tanker«. Er ist der Meinung, dass jeder Mensch bereits zur Geburt eine »Zwölfer-Karte« für die Reise durch das Leben erhält. Wer auf Zack ist, der kann im Leben zwölfmal richtig punkten.

Buffett und ich sind eben von Natur aus und aus gewonnener Erfahrung Optimisten. Aber wie sagte schon ein Freund von mir vor langer Zeit: »Die Häuser auf den besten Grundstücken der Park Avenue in New York sind alle von Optimisten gebaut.« Recht hat er.

6. Bei der Geldanlage: Immer nur in Prozent denken

Junge Menschen in der Ausbildung und am Berufsanfang liegen mir besonders am Herzen. Es ist nicht leicht für sie, den Weg zum Investieren und Geldanlegen zu finden. In der Schule wird es ihnen nicht beigebracht. Es gibt aber eine ganz simple Empfehlung: Nicht in Euros denken, sondern in Prozent.

Immer wieder höre ich das Argument: »Ich habe ja gar nicht genug Geld. Das lohnt sich doch nicht für mich. Für die paar Euro, die dabei herumkommen ...« Nun, ich weiß, wovon ich spreche. Ich selbst war als junger Mensch in der gleichen Situation. Aber ich habe es versucht und dabei gelernt, dass es sich lohnt, an der Börse Geld anzulegen. Dazu ein Beispiel:

Am 8. Dezember 1971 habe ich meine erste Aktie gekauft. Ich war 15 Jahre alt und meine Ersparnisse beliefen sich auf 200 Deutsche Mark (DM). Es war eine Zeit, in der es weder Smartphones noch Internet gab. Ich wollte aus meinem Geld mehr machen. Also studierte ich die Börsenkurse in der Zeitung und recherchierte so gut es ging.

Ich entschied mich für eine Maschinenbauaktie, die Gute-Hoffnungshütte-Aktie (genannt: GHH, später Teil des MAN Konzerns), die mir aussichtsreich erschien. Die Kauforder musste ich in der Schulpause vom Münzfernsprecher erteilen. Die Aktie notierte bei DM 143,50. Wegen der hohen Mindest-Grundgebühr kostete mich der ganze Spaß DM 150,36. An sich hatte ich mit lediglich 1,5 Prozent Spesen bei Kauf und Verkauf gerechnet. An die Mindest-Grundgebühr von DM 7,- hatte ich nicht gedacht.

Was hoffnungsvoll begann, stellte sich zunächst als Tiefschlag heraus. Denn die GHH-Aktie musste um mindestens DM 14,- steigen, damit ich die Plus-Minus-Null-Linie erreichen würde. Da war ich ganz schön niedergeschlagen. Ich hatte mich so gut vorbereitet und doch falsch kalkuliert. Aber ich hatte Glück. Innerhalb von nur vier Monaten, am 11. April 1972, konnte ich die GHH-Aktie zum Kurs von DM 179,- verkaufen. Nach Abzug der Spesen blieben mir DM 172,05. Ich hatte einen Gewinn von

DM 21,69 erzielt. Ein sehr kleiner Betrag (Euro 11,06), über den die meisten die Achseln gezuckt hätten. »Und, hat sich das nun gelohnt ...?«

Ich habe es aber ganz anders betrachtet, denn mir war ein beachtlicher Erfolg gelungen. Ein Gewinn in Höhe von 14,42 Prozent und das in nur vier Monaten! An dem kleinen Geldbetrag habe ich mich überhaupt nicht gestört. Auf die Verzinsung kam es an. Ich hatte am eigenen Leib erfahren: Wenn es mir mit einer Aktie gelungen war, ein Plus in Höhe von 14,42 Prozent zu erzielen, so hätte ich es mit der gleichen Recherche und Arbeit auch mit 1.000 Aktien erzielen können. Und das ist das Schöne an der Börse. Wie hoch die investierten Summen sind, ist letztlich egal. Der Mechanismus ist immer der gleiche. Alles, was man mit kleineren Beträgen lernt oder im realen Leben »übt«,, wird einem später, wenn größere Summen zur Verfügung stehen, von großem Nutzen sein. Prozent ist Prozent.

So hatte ich das Glück, schon früh in meinem Leben zwei Erkenntnisse zu gewinnen:

- Erstens, es lohnt sich im Beruf erfolgreich zu sein, damit man regelmäßig sparen und Rücklagen bilden kann.
- Zweitens, aus Ersparnissen wird Kapital. Und Kapital kann zu einer zweiten Säule des Einkommens werden, wenn man es richtig investiert.

Das war für mich eine wunderbare Aussicht und das hat mich sehr motiviert. Nicht nur meine Tätigkeit im Beruf, sondern auch mein Kapital würden im Lauf meines Lebens »für mich arbeiten«. Und so ist es auch gekommen.

Also: Lassen Sie sich vom Gerede anderer, dass es sich nicht lohne, nicht abhalten. Versuchen Sie, Kapital anzusparen und dann für Sie arbeiten zu lassen. Und rechnen Sie am Anfang einfach nur in Prozent. Wer weiß, später können daraus gewaltige Summen werden. Nur Geduld!

7. Aufbau von Vermögen: das Zehn-Prozent-Modell

Die meisten Arbeitnehmer laufen auf eine Versorgungslücke im Alter zu. Schuld daran ist nicht die Regierung. Für junge Menschen, die am Anfang ihrer Berufslaufbahn stehen, gibt es einen guten Lösungsansatz.

Finanzielle Unabhängigkeit im Alter ist nur durch eine langfristig ausgerichtete Strategie des Sparverhaltens erreichbar. Das systematische Sparen bildet die Basis für spätere Kapitalanlagen. Das Wort »Sparen« klingt etwas altmodisch und ist bei vielen Menschen derzeit nicht populär. Aber ohne das schlichte »Weniger ausgeben, als man einnimmt« wird es mit der Altersversorgung nichts.

Wie geht man dieses Thema am besten an? Was sollte man jungen Menschen empfehlen? Da fällt mir ein einfaches, aber wirksames Sparmodell aus meiner Vergangenheit ein:

> *Als ich in den 80er-Jahren meine Berufslaufbahn bei Dow Chemical begann, hatten wir die Möglichkeit 10 Prozent unseres Bruttolohns in Firmenaktien anzulegen. Das Schöne an dem Modell war, dass diese 10 Prozent des Bruttolohns jeden Monat von vornherein in der Gehaltsabrechnung einbehalten wurden. Man bekam diesen Sparbetrag also erst gar nicht in die Hand. Es war so, als wenn das monatliche Gehalt um 10 Prozent gekürzt worden wäre.*

Der Automatismus dieses Sparmodells ist der Dreh- und Angelpunkt. Die Systematik, sein Konsum- und Ausgabeverhalten vom ersten Job an auf ein um 10 Prozentpunkte verringertes Gehalt abzustellen, ist eine gute Weichenstellung. Bei jeder Gehaltsverbesserung wird der Abzugs-Sparbetrag entsprechend angehoben: Immer 10 Prozent vom Bruttogehalt.

Ob der Arbeitgeber die monatlichen Beträge einbehält oder ob man mittels eines Dauerauftrages sich selbst organisiert, ist letztlich gleich. Wer ohne Unterbrechung, Monat für Monat, Winter wie Sommer, über Jahrzehnte dieses Sparmodell anwendet, ohne hin und her, der wird eines Tages staunen. Ohne je eine Einschränkung in seinem Leben gespürt zu haben, wächst dem Arbeitnehmer da ein beachtliches Vermögen zu.

Fazit: Am Anfang von klugen Kapitalanlagen steht das Sparen. Die Weichenstellung für eine lebenslange Sparsystematik früh zu finden, lohnt sich. Der Ansatz »10 Prozent vom Bruttomodell« ist ein schmerzfreier Einstieg.

8. Schulden machen kann gefährlich sein

Es ist verlockend für Unternehmer und Investoren mit Kredit zu arbeiten. Doch Schuldner leben gefährlich. Meine Erfahrung sagt mir: Mit Eigenkapital fährt es sich besser.

Ein junger Bekannter, Student der Betriebswirtschaft an einer namhaften deutschen Universität, berichtete mir neulich von seinem zweiten Semester. Wir sprachen über Unternehmertum und darüber, wie man sich selbstständig machen kann. Voller Stolz legte er mir das Fazit aus seinen Vorlesungen zum Thema Finanzierung dar: In jedem Fall und unbedingt solle der Unternehmer immer mit möglichst viel Kredit und mit vergleichsweise wenig Eigenkapital arbeiten. Er sprach von »Hebelwirkungen« und der tollen Eigenkapitalverzinsung. Ich konnte es kaum glauben. Ich war regelrecht geschockt. Auch sein älterer Bruder, der vor Kurzem eine kleine Firma in der Medienbranche gegründet hatte, fiel aus allen Wolken. Dieser theoretische Unfug ist weit verbreitet. Die Gefahren des Kreditnehmens werden weitestgehend unterschätzt.

Für mich sind Schulden in zwei Fällen vertretbar: Zum einen, bei der Finanzierung von Immobilien mit langlaufenden Hypotheken. Obwohl auch das eine Geschmacksfrage ist. Ich kenne eine ganze Reihe von Investoren, die grundsätzlich auch Häuser ohne Bankhilfe mittels ihrer Ersparnisse zu 100 Prozent bezahlen. Das macht frei und unabhängig. Und wenn man eines Tages mit einem Leerstand der Immobilie konfrontiert ist und die Mietausfälle sich in die Länge ziehen, wird man nicht von einem unfreundlichen Banker zum Rapport gebeten. Hinzu kommt, dass bei Erreichen gewisser Altersgrenzen, beispielsweise zum 75. Geburtstag, die Neigung der finanzierenden Banken zu Kreditverlängerungen rapide abnimmt.

Zum anderen ist eine Kreditfinanzierung von Warenbeständen und Kundenaufträgen bei Kaufleuten seit Jahrhunderten gang und gäbe. Hier geht es in der Regel um kurze Laufzeiten mit klar kalkulierbaren Gewinnmargen, die projektbezogen abgewickelt werden. Für den besonnenen Kaufmann ist der Warenkredit ein entscheidendes Werkzeug.

Die Herausforderung für den Kaufmann dieser Tage liegt in diesem Fall auf einem anderen Gebiet: Finden Sie erst mal eine Bank, die Ihnen auf Warengeschäfte überhaupt Geld leiht. Neulich war ein Exportkaufmann bei mir. Er hat jahrelange Erfahrung mit Geschäften im Iran. Nach Aufhebung der politischen Blockaden möchte er nun seine Landeskontakte nutzen und das Exportgeschäft in den Iran ankurbeln. Selbst bei fest vorliegenden Aufträgen mit wirklich enormen Gewinnmargen findet er keine Bank, die ihm 50.000 Euro an Kredit einräumt (so viel zum realen Effekt der Nullzinspolitik der Zentralbanken zur Ankurbelung der Konjunktur!).

In fast allen anderen Fällen rate ich von Bankschulden ab. Grundsätzlich wird der Zinseszins-Effekt von den Kreditnehmern unterschätzt. Darlehenszinsen, die gegen einen laufen und nicht sofort getilgt werden, summieren sich zu großen Summen. Wer sich zum Beispiel 100.000 Euro zu 7 Prozent pro Jahr leiht und nach zehn Jahren zurückzahlen möchte, auf den kommt eine Endabrechnung in Höhe von 196.715 Euro zu. Es ist eben immer schon so gewesen: Sparer mit thesaurierten Zins- oder Dividendeneinnahmen werden im Zeitablauf immer reicher. Die Kreditzins-Zahler hingegen werden immer ärmer.

Wenn ich an der Börse nach guten Unternehmen Ausschau halte, dann meide ich Firmen mit hoher Bankverschuldung. Mir geht es dabei gar nicht so sehr um den Zinseffekt. Mir ist die Unabhängigkeit und Sicherheit der jeweiligen Aktiengesellschaft wichtig. Es hat sich in Krisen immer wieder ganz klar gezeigt, wie gefährlich eine Bankverschuldung für die Unternehmen sein kann. Wenn über Nacht, wie in den Jahren 2008 und 2009, in manchen Branchen die Aufträge wegbrechen, wird es mit dem Banker ungemütlich. Viele Unternehmer haben mir erzählt, dass sie ihren Augen und Ohren kaum trauen konnten. Die Tonlage und Atmosphäre, einst freundlich und verständnisvoll, verwandelte sich im Bankbesprechungszimmer dramatisch. Die lieben Financiers von einst waren kaum wiederzuerkennen. Die Daumenschrauben wurden angelegt. Sicher gibt es löbliche Ausnahmen, aber auf die würde ich als Unternehmensführer nicht hoffen.

Die Wahrscheinlichkeit, dass im Krisenfall von der Bankenseite massiv in die Geschäftspolitik des Unternehmens eingegriffen wird, ist hoch. Da lobe ich mir die Lindt & Sprüngli AG in der Schweiz. 2008 verkündete der Vorstand klipp und klar, dass er – trotz der schwierigen und damals ungewissen weltwirtschaftlichen Situation – an seinem Fünfjahres-Investitionsprogramm zur Verbesserung der Produktionsabläufe festhalten werde. Das hat mir gut gefallen. Die Banken spielen bei Lindt & Sprüngli in Finanzierungsfragen keine große Rolle. Die Firma hat eben viel Eigenkapital, Rücklagen aus Jahrzehnten und einen starken Cashflow. Danach suche ich als Börseninvestor gerne. Den sogenannten »Leverage-Effekt« durch den gezielten Einsatz von Fremdkapital auf der einen Seite und einer Verringerung von Eigenkapital auf der anderen Seite empfinde ich als zu gefährlich.

Das ist etwas für »Schön-Wetter-Segler«. Bei denen gehe ich nicht an Bord. Mein Kapital bekommen diese Firmen an der Börse nicht.

Was nun den Geldanleger angeht, so sollte auch er seine Position gut überdenken. Investments an der Aktienbörse sind immer mit Risiken verbunden. Und auch die besten Aktien mit noch so viel Eigenkapital und wunderbaren Marktanteilen in ihrer Branche können in einer Börsenpanik im Kurs zusammenkrachen. 50 oder 70 Prozent und mehr an Kursverlusten, das hat es schon häufiger in der Vergangenheit gegeben – auch für »Blue Chip«-Aktien. Und das wird auch immer so bleiben. Denn die Aktienkurse an der Börse richten sich nicht nach objektiven Bewertungskriterien dessen, was tatsächlich vorhanden ist. Nein, die Kurse werden rein durch Angebot und Nachfrage gemacht. Wenn keiner kaufen will, andere aber verkaufen müssen, dann brechen Aktienkurse bis auf null zusammen. So unerfreulich es auch ist, wenn ich mein Depot mit meinen Ersparnissen finanziert habe, so kann ich jedoch eine Phase der Irrationalität und des Wahnsinns aussitzen. Aber mit Bankschulden? Wie wird es da mit mir wohl nervlich bestellt sein?

Ich rate deshalb von Lombardkrediten ab, also der Beleihung eines Aktiendepots, um damit mehr Aktien kaufen zu können. Auch wenn der Kreditzins noch so niedrig sein sollte, spielt der Aktieninvestor mit dem Feuer. Im großen Internet- und Telekom-Crash der Jahre 2002 und 2003 hatten wir solche Fälle. Ich kenne Geldanleger, die ihre Depots bei luftig hohen Kursen, mit gutem Zureden und Applaus der Bank, zu 25 Prozent beliehen hatten. Zum Tiefpunkt der Kurse im März 2003 hatten sie ihr gesamtes Vermögen verloren. Ihre Aktien wurden von der Bank zwangsverkauft. Das ist eben der Effekt bei den Lombardkrediten: Die Schulden bleiben, beziehungsweise sie wachsen weiter an durch die Zinsbelastungen, während beispielsweise Telekom-Aktien damals von 80 Euro auf zehn Euro fielen.

Ganz unabhängig von Lombardkrediten sage ich: Wer Bankschulden hat, sollte sich generell kein Aktiendepot zulegen. Tilgen Sie erst Ihre Schulden, sparen Sie echtes Eigenkapital an und erst dann wagen Sie sich auf das Börsenparkett. Das ist zwar altmodisch und erfordert vielleicht ein paar Jahre Geduld. In der nächsten Finanzkrise werden Sie aber (hoffentlich) an mich denken.

9. Antizyklisches Investieren – leicht gesagt

Vieles spricht für antizyklische Kaufentscheidungen an der Börse. »Always buy straw hats in winter« – ist eine alte Börsenweisheit. Erst in der nächsten Baisse merkt man so richtig, wie weh es tut, eine Aktie prozyklisch auf dem Top ins Depot genommen zu haben. Woran liegt es, dass viele Geldanleger immer wieder den gleichen Fehler im Timing machen?

Fast alle Anleger enden in einem prozyklischen Anlageverhalten. Sie schließen sich der großen Herde an, zur Musik, die von den Finanzmedien vorgegeben wird. Dabei spielen die Börsenkommentare eine unselige Rolle. Sie haben die undankbare Aufgabe, Tag für Tag, ja sogar Stunde um Stunde etwas zu erfinden, was die Kurse nach oben oder nach unten getrieben haben könnte. Der Finanzjournalist M. Gburek wies darauf hin, dass die Betonung nicht auf »finden«, sondern auf dem Wort »erfinden« liegt. Die Erklärungen für die Kursveränderungen müssen im Nachhinein fabriziert werden.

Der Herdentrieb an der Börse, also das prozyklische Investmentverhalten der Anleger, basiert auf dem Unterbewusstsein und zwar auf dem tiefsitzenden Wunsch, Teil einer Gruppe zu sein. Diese Gruppenzugehörigkeit hilft über die Selbstunsicherheit hinweg und erhöht das Selbstbewusstsein. Es ist gekoppelt mit dem Verlangen und Streben nach Anerkennung und Lob. Damit wird dem Anleger ein Teil seines Zweifels genommen, ob seine Investmententscheidung wohl richtig gewesen ist.

In der Regel landen die prozyklischen Investoren alle in der gleichen Grube. Wer den antizyklischen Weg einschlagen will, muss zunächst mit der Arbeit an seiner eigenen psychischen Einstellung beginnen. Das ist nicht einfach, aber durchaus möglich und vor allem erfolgversprechend.

10. Im Alltag nach den Perlen suchen

Die meisten Geldanleger haben sich den Schneid abkaufen lassen. Wenn es um die Suche nach der besten Aktienanlage geht, lassen sie die Flügel hängen. Dabei liegen die Super-Investmentideen tagtäglich vor einem.

Immer wieder stelle ich fest, dass es so vielen Privatanlegern an Selbstvertrauen mangelt. Das ist ein Jammer. Wenn es um den Research und die Suche nach der besten Aktienanlage geht, haben sie kapituliert. Sie fühlen sich verloren in einer komplizierten Datenflut, überschüttet von Tagesmeldungen. Makroökonomische Statistiken und volkswirtschaftliche Konjunkturprognosen wirken auf den Investor wie ein Lähmungsgift. Zusätzlich verbreitet das politische Getöse mit dem Fokus auf Krisenherde und den Problemen von Minderheiten übermäßig Angst und Schrecken.

Der zu große Respekt vor dem Finanzsystem mit seinem »Fachchinesisch« ist unnötig. Er führt den Geldanleger auf die falsche Fährte. Wie ich es sehe, rennt die Schar der Investoren verblendet hinter Bankberatern, Analysten oder TV-Finanzexperten hinterher. Begierig hoffen sie, den ein oder anderen Aktientipp aufzuschnappen.

Die Suche nach dem sicheren Hafen für Ihr Kapital ist keine Sache, die sich in noblen Besprechungszimmern im Wolkenkratzer abspielen muss. Auch für denjenigen Geldanleger, der das Zepter selbst in die Hand nehmen will, gilt: Der Research beginnt nicht mit einer akademischen Herausforderung im stillen Kämmerlein. Die Ausgangsbasis kann es nicht sein, zu nachtschlafender Zeit mit Sorgenfalten über dem Laptop zu brüten – von Chat Room zu Chat Room jagend. Es ist nur eine Frage der Zeit, wann der Anleger am Ende doch ein Opfer von gewieften Manipulatoren und Drahtziehern wird.

Wie so oft sind die richtig guten Lösungen recht einfach. Auf der Suche nach überzeugenden Aktienanlagen heißt es, mit offenen Augen durch die Welt zu gehen. Im Alltag sind wir umgeben von Firmen, Markenartikeln, Dienstleistungen und Produkten. Ich habe mir schon früh in meinem Leben angewöhnt, alles was mich umgibt, auf ein mögliches Investment hin im Kopf »zu speichern und zu filtern«.

Es kommt also auf die »Programmierung« der eigenen Gedankengänge an. Die Umwandlung dessen, was man sieht oder womit man sich beschäftigt, auf die Börse hin abzuklopfen, das ist der Trick. Das Umdenken kostet nichts, nur zu Anfang ein wenig Mühe und Disziplin.

Der Vorteil besteht darin, dass der Geldanleger diesen Research-Filter ständig bei sich trägt. Ganz egal, wo er sich befindet, der Apparat steht immer zur Verfügung. Der Investor ist nicht von anderen abhängig. Je länger er dieses »gedankliche Umwandlungsmodell« praktiziert, umso leichter wird es ihm von der Hand gehen. Wer auf diese Art und Weise seine Gehirnzellen trainiert, der wird feststellen, dass das Abklopfen auf ein mögliches Börseninvestment hin, nach einer Weile quasi per Autopilot abläuft.

Mancher Geldanleger wird daraufhin mit Schrecken feststellen, was er alles verpasst hat. Vor seiner Nase, Tag für Tag, ohne Finanzmathematik, hat er die besten Geldanlagen de facto zwar gesehen, aber eben doch nicht mit dem Blick als Investor die Riesenchance »erkannt«.

Machen wir doch einmal einen Gang durch eine beliebige Stadt. In der Fußgängerzone fallen einem Filialisten auf. Drogerieketten der Firmen DM-Drogerie, Rossmann oder Müller – leider Fehlanzeige. Die Drogeriesparte gehört offensichtlich Privateigentümern. Da ist für den Geldanleger offensichtlich nichts zu machen. Die Firmen sind nicht an der Börse notiert. Der eifrige Geldanleger gibt hier jedoch nicht auf.

Gehen wir in einen der Drogerieläden hinein, so finden wir bekannte Markenartikel. Zum Beispiel: Niveau und L'Oréal Pflegemittel. Weiter hinten stehen Persil Waschmittel und Calgon für die Waschmaschine im Regal. Sie werden zugeben, um dies zu entdecken, bedarf es keines Vermögensverwalters. Wahrscheinlich kennt fast jeder Investor diese Marken seit seiner Kindheit. Und wahrscheinlich hat er im Verlauf der Zeit selbst festgestellt oder zu hören bekommen, dass die Qualität stimmt und die Artikel jahrein jahraus von treuen Konsumenten gekauft werden.

Allein mit diesem fiktiven, kurzen Drogeriebesuch hätten Sie als Geldanleger einen Volltreffer gelandet. Hinter diesen vier Markenartikeln stehen die Aktiengesellschaften Beiersdorf, L'Oréal, Henkel und Reckitt Benckiser. Sie sind alle seit langer Zeit an der Börse notiert. Ich empfehle Ihnen sich erst einmal hinzusetzen, bevor Sie zu Hause – nach Ihrem Stadtgang – den Computer anwerfen. Sie werden staunen, was Ihnen entgangen ist. Das wird ein Schock für Sie.

Wenn Sie sich die Aktien-Kursentwicklungen, am besten die Zehn-Jahrescharts, anschauen, dann werden Sie sehen, dass sich Ihr Kapital allein nur mit diesen vier Aktien vervielfacht hätte. Vergleichen wir die Kurse vom Mai 2006 mit denen vom Mai 2016: Beiersdorf (Nivea) sind von 37 Euro auf 80 Euro im Kurs gestiegen, L'Oréal im gleichen Zeitraum von 71 Euro auf 158 Euro, die Henkel Aktie (Persil) von 29 Euro auf 100 Euro und die gute Firma Reckitt Benckiser (Calgon) von 19 Britischen Pfund auf 66 Britische Pfund.

In den zehn Jahren haben diese vier Aktien zwei Börsenzusammenbrüche (2002 und 2008) überstanden. Eine Gefährdung des Unternehmens stand zu keiner Zeit zur Debatte. Leider liefert das Internet kaum noch weitergehende historische Daten. Ich kann Ihnen aber versichern, dass der 15-Jahreschart und der 20-Jahreschart noch beeindruckender ist. Gleichzeitig sind die jährlichen Dividendenausschüttungen von Beiersdorf, L'Oréal, Henkel und Reckitt Benckiser in den letzten zehn Jahren substanziell gestiegen.

Das »Betrachtungsuniversum« für den Geldanleger ist nahezu unerschöpflich. Ob zu Hause, im Urlaub oder auf Geschäftsreisen: Es bleibt ganz Ihnen überlassen, wohin Sie schauen. Ob Sie mit einem Audi-Mietwagen in die Tiefgarage fahren, in einen Schindler-Aufzug steigen, oben in der Hotel Lobby einen Jack Daniels-Whiskey zu sich nehmen. Ob Ihr Installateur zu Hause bei der Badezimmerrenovierung eine Geberit-WC-Spülung einbaut oder ob Ihr betagter Vater ein neues Hüftgelenk im Krankenhaus bekommt. Oder schauen Sie sich in Ihrem beruflichen Umfeld der Konkurrenz, Ihrer Kunden und Lieferanten um ... ganz gleich, überall werden Sie auf erstaunliche Investmentideen stoßen.

Wenn Sie sich unsicher fühlen, gehen Sie mit Ihrem eigenen Ideen-Katalog zu einem Profi; am besten zu einem Berater Ihres Vertrauens, der sich mit Bilanzen auskennt. So gehen Sie sicher, dass das Unternehmen auch finanziell solide dasteht.

Im Fazit: Lassen Sie sich nicht irre machen, aber wenden Sie sich von der Börse als Spekulationsanstalt ab. Konzentrieren Sie sich an der Börse stattdessen lieber auf erstklassige Unternehmen. An diesen würde ich mich – wie ein Unternehmer – langfristig als Aktionär beteiligen. Und wo finden Sie die guten Ideen? Vor Ihrer Haustür.

11. Nur eine Kiste am Tag – die innere Balance finden

Der Arbeitstag vergeht, man hat viel erledigt, einiges geschafft und dennoch – zufrieden sind wir nicht. Das quälende Gefühl, das eine oder andere liegen gelassen zu haben, belastet. Dagegen gibt es ein einfaches Mittel.

Mein Freund N., den ich seit meiner frühen Schulzeit kenne, hat sich inzwischen ein beachtliches Vermögen erarbeitet. Er hat ein eigenes Family Office mit mehreren Mitarbeitern, die sich um sein Vermögen kümmern. Mehrere Jahre lang war ich Mitglied in seinem Vermögensbeirat. Bei den Sitzungen, die in der Regel einen ganzen Tag lang dauerten, fiel mir immer wieder ein DIN A4-Blatt auf, das an der Innenseite der Tür des Konferenzraums hing. Dort stand in großen Buchstaben geschrieben: »Nur eine Kiste am Tag.«

Das trifft den Nagel auf den Kopf. Im Verlauf der Zeit habe ich mir dieses Motto für meinen Arbeitstag zu eigen gemacht. Pro Arbeitstag nehme ich mir nur eine wirklich wichtige Sache vor. Aber wirklich nur eine wichtige Aufgabe. Wenn diese dann erfolgreich erledigt ist, habe ich jedes Recht, mich rundum gut zu fühlen. Charlie Munger, der über 90-jährige Investor und Weggefährte von Warren Buffett, hat es einmal anders ausgedrückt: »I just concentrate on the priority, and do nothing much else.« Das ist wahrscheinlich auch der Schlüssel zu einer dauerhaften Schaffenskraft bis ins höchste Alter.

Auch wenn es mir nicht immer gelingt, mich im Griff zu haben, so hilft mir die ständige Erinnerung – »Nur eine Kiste am Tag«, –, hoffnungsfroh den nächsten Arbeitstag zu organisieren. Probieren Sie es mal aus. Und welche »Kiste« steht für Sie morgen an? Ich wünsche einen zufriedenen Feierabend.

II.

Das Portfolio – Unkraut nicht stehen lassen

Viele Geldanleger trauen sich nicht, das Ruder selbst in die Hand zu nehmen. Sie kapitulieren vor dem Talmi der Finanzbranche und dem Wirrwarr der täglichen Datenflut. Lassen Sie sich keinen Sand in die Augen streuen. Erfolgreiche Investoren nutzen Erfahrungen und Regeln, die sich über Jahrhunderte bewährt haben. Mit einem solchen »Handwerkskasten« fährt es sich besser.

1. Kluge Investoren haben immer Cash

Engagierte Geldanleger sind immer auf der Suche nach Investment-Möglichkeiten. Liquide Mittel »rumliegen« zu lassen, ist ihnen ein Dorn im Auge. Doch Cash ist wichtiger, als Sie denken.

Auf der langen Reise durch das Leben ist eines wichtig zu besitzen: immer genügend Cash. Zum einen, um ruhig schlafen zu können. Zum anderen, um mit einem Gefühl der inneren Unabhängigkeit agieren zu können.

Das gilt selbst für Angestellte, die einen festen Job haben und mit einem sicheren Jahreseinkommen kalkulieren können. Die Szenarien sind bekannt:

- wer angstfrei, sich vom Arbeitgeber nicht alles bieten lassen will;
- wer Sorge hat, bei anstehenden Entlassungswellen seinen Namen auf der Liste zu finden;
- wer mutig über einen schwierigen Berufswechsel nachdenken möchte, um sich für die Zukunft zu rüsten;
- wer nicht erpressbar werden will,

der braucht eben eine klar definierte Cash-Reserve. Als Faustregel setze ich bei Angestellten die Höhe der Liquiditätsreserve mit zwei Jahren »Haushaltsgeld« inklusive Miete oder Hypothekenzinsen an. Damit sind die Dauerausgaben, die sich nicht vermeiden lassen, abgedeckt. Sonderausgaben, wie Urlaub oder Neuanschaffungen, werden nicht berücksichtigt. Diese kann man in der Krise streichen. Aus meiner Erfahrung ist ein Cash-Puffer für zwei Jahre eine gute Größe. Wenn das Schicksal einen unerwartet trifft, kann es doch seine Zeit brauchen, bis man wieder auf die Vorderpfoten kommt. Das erste Halbjahr vergeht wie im Fluge. Abfindungszahlungen zu erstreiten, kann sehr lange dauern. Resultate auf der Reise durch die Headhunter-Szene auf der Suche nach einem guten Job lassen sich nicht erzwingen. Eine Zwei-Jahres-Cash-Reserve ermöglicht es einem, eine psychologisch positive Haltung zu wahren. Und das ist kriegsentscheidend.

Bei Selbstständigen erhöhe ich das Cash-Polster auf drei Durchschnittsjahreseinkommen. Damit übersteht man miese Geschäftsjahre, den plötzlichen Wegfall eines wichtigen Kunden, die Anlaufzeit für eine neue Business-Idee und vermeidet unangenehme Gespräche mit seinem Banker.

Der andere Aspekt der liquiden Mittel zeigt sich in der Investmentwelt. Die wirklich einmaligen Gelegenheiten gibt es in den Megakrisen. Das Problem: Fast immer hat der Investor genau dann kein Cash. Das war schon immer so. Ein Kaufmann ohne ein reichliches Cash-Polster ist ein unsicherer Kantonist.

Mein Fazit aus meiner langjährigen Börsenerfahrung und Value-Investoren-Tätigkeit: So mühsam und langweilig es auch sein mag, bauen Sie erst ihren Cash-Vorrat auf. Erst danach investieren Sie in Aktien, Fonds oder andere Sachen. Entwickeln Sie einen Sparplan für den Cash-Aufbau.

Das Ziel: »Ein aufgeräumtes Leben«, wie es mein Geschäfts-Kompagnon nennt. Ich formuliere es so: »Halten Sie das Steuerrad Ihres Lebens souverän in der Hand. Cash ist die Basis.«

2. Die Messlatte höher hängen – die Super-Profit-Aktien

Die meisten Geldanleger kaufen ihre Aktien aus den falschen Gründen. Sie schauen nicht genug auf die Profitabilität der Unternehmen. Dabei sind die Unterschiede enorm. Die Investoren hängen die Messlatte zu tief.

Viele Geldanleger und Aktionäre kann man nur als schizophren bezeichnen. Bei ihrem eigenen Arbeitslohn und Gehalt verfolgen sie minutiös jeden Abzug bis hinter die Kommastelle. Um Beförderungen und Bonuszahlungen wird gekämpft und gerungen. Als »Beamtenkind« habe ich mir während meiner Jugend die Diskussionen in der Familie um Besoldungsstufen und Gruppentarife stundenlang mit anhören müssen.

Doch wenn es um die Geldanlage in Aktien geht, sieht das Bild auf einmal ganz anders aus. Oder wann haben Sie Ihren Banker, Fondsmanager, Anlageberater oder gar sich selbst die Frage gestellt: »Ist der Aktientipp eigentlich ein Top-Verdiener?« Im Vordergrund der Überlegungen stehen entweder Kennziffern, wie das Kurs-Gewinn-Verhältnis, der Buchwert und Ähnliches oder Kursentwicklungen mit Höchst- und Tiefkursen. Auf die Suche nach den Aktiengesellschaften, die Jahr für Jahr zum Wohl der Aktionäre schlicht und einfach klotzig verdienen, begibt sich kaum jemand.

Dabei ist dies ja gerade das große Privileg der Investoren. Sie können und dürfen Ihr Kapital in Aktiengesellschaften investieren, wo Sie wollen. Sie sind vollkommen frei, sich an den Weltbörsen umzuschauen. Das ist anders als im Beruf. Da landen Menschen nach der Ausbildung oft per Zufall irgendwo und bleiben dort hängen. Die Zeit schreitet voran und sie harren aus, ganz gleich, ob die Aussichten der Branche oder Firma sich verbessern oder eindunkeln. Häufig stecken sie fest, bis zum bitteren Abgesang der Entlassung oder bis zum frustrierten Berufsende.

Ähnlich ergeht es auch Mitgliedern von Familienunternehmern. Dabei wird man in eine Branche quasi »hineingeboren«. Aus Liebe zum Metier oder aus Tradition wirtschaftet man auf dem vorgegebenen Acker. Auf Gedeih und Verderb ist man den Rahmenbedingungen der Branche und Firma ausgeliefert.

Der Kapitalbesitzer ist selber schuld, wenn er in wenig profitablen Unternehmen »landet«. Keiner weiß, was die Zukunft bringt. Aber aus meiner Beobachtung ist erfolgreichen Börsianern, die langfristig ihr Vermögen an der Börse vermehren, eines gemeinsam: Sie stecken ihr Geld in ganz, ganz profitable Aktiengesellschaften. Mit einem kühlen Kopf und kaltem Herzen gilt es, unvoreingenommen nach den »Profit-Power-Häusern« zu suchen.

Kurse bewegen sich im Auf und Ab. Börsenkrisen kommen und gehen. Panik und Massenhysterie auf der einen, überschäumende Euphorie auf der anderen Seite, das ist der Gang der Dinge. Am Ende des Tages ist aber die Ertragskraft einer Firma die entscheidende Komponente für den Börsenerfolg, allen Wirren zum Trotz.

Es kommt darauf an, in wirklich erstklassige Unternehmen zu investieren. Was heißt nun »erstklassig«? Das sind Unternehmen, die gute Mitarbeiter gewinnen und halten können, auf einem kompetitiven Gehaltsniveau. Gleichzeitig investieren die Champion-Aktiengesellschaften überdurchschnittlich in Forschung und Entwicklung und arbeiten mit starken Marketing-Budgets. Und im Resultat haben sie kerngesunde Bilanzen mit jährlichen Super-Gewinnen.

Nur wenigen Anlegern ist bewusst, wie frappierend die Unterschiede zwischen den Firmen sind. Während bei guten, produzierenden Industrieunternehmen die Gewinnmarge (nach Steuern) traditionell bei fünf Prozent vom Umsatz liegt, so habe ich seit Jahren meine »Messlatte« im Aktienresearch auf 15 Prozent bis 25 Prozent Umsatzrendite gelegt.

Der Effekt hat eine große Auswirkung; denn die super profitable Aktiengesellschaft erwirtschaftet in einem Jahr drei- bis fünfmal so viel wie eine typische Durchschnittsfirma. Oder anders ausgedrückt: Der »Nullachtfünfzehn-Laden« braucht drei bis fünf Jahre, um genau so viel zu verdienen, wie meine Champion-AG in einem Jahr.

Und diese Aktiengesellschaften gibt es tatsächlich. Schauen Sie sich einmal die Gewinn- und Verlustrechnungen von DOLBY Laboratories, der RATIONAL AG, JOHNSON & JOHNSON und 3M an, um nur einige zu nennen. Sie werden staunen, wie profitabel das Management für Sie arbeitet!

Doch wie findet man systematisch und dauerhaft weitere »Überflieger«. Bei der Suche ist es hilfreich, den Fokus auf das Business-Modell zu legen. Das ist ein guter Filter. Große Gewinne kommen in der Regel nicht von ungefähr. Gewisse Geschäftsmodelle eignen sich für die Unternehmen einfach besser, um langfristig mehr zu verdienen. Hier einige Beispiele zur Gedankenanregung:

Lizenz-Modelle
Statt eine Ware oder Dienstleistung einmal zu verkaufen, kann es viel lukrativer sein, auf laufende Lizenzzahlungen zu bestehen. Hier ist DOLBY Laboratories ein Meister.

Abonnenten-Vertragsmodelle
Das Geschäft mit einem festen Abonnentenstamm hat große finanzielle Vorteile; dazu gehört vor allem die Kalkulierbarkeit ständig wiederkehrender Erlöse. Mit dieser Methode sind fast alle Zeitungsunternehmen steinreich geworden. Die Herausforderung liegt nun mehr in der digitalen Umsetzung mit ähnlich vorteilhaften Strukturen.

Langfristige Serviceverträge
Hier sind die Aufzugshersteller SCHINDLER und KONE hervorzuheben. Der einmalige Effekt des Verkaufs und Einbaus eines Fahrstuhls ist lediglich eine Eintrittskarte zum Geldverdienen; und zwar über die Wartungsverträge. Da in den meisten Aufzügen ein kostbares Gut, nämlich der Mensch, befördert wird, legen die Kunden Wert auf eine kompetente und zweifelsfreie Wartung der Liftanlage. Hier wird das eigentliche Geld verdient. Ganz gleich, ob nun Hochkonjunktur herrscht oder Börsenkrise.

Keine eigene Fertigung
Statt kapitalintensiv Produkte in eigener Fertigung selbst herzustellen, ist es viel lukrativer, sich ganz auf Marketing und Qualitätskontrolle zu konzentrieren. Schauen Sie also, ob in Lohnfertigung produziert wird.

Know-how-Verkauf
Eine Zauberformel ist Know-how zu verkaufen, statt Produkte anzubieten. Manche Champions haben sich ganz auf den Know-how-

Vertrieb konzentriert. Das ist nicht kapitalintensiv und gleichzeitig meist hoch profitabel. Auch hier ist DOLBY ein schönes Beispiel.

Es lohnt sich zu schauen, welche Aktiengesellschaften an der Börse in solchen Business-Modellen und lukrativen Branchen tätig sind. Natürlich sind nicht alle Unternehmen dort erstklassig aufgestellt. Aber mit Geduld und Fingerspitzengefühl wird der fleißige Geldanleger auf seine Champions stoßen. Und nicht vergessen: Geben Sie sich nicht mit Mittelmaß zufrieden. Die Messlatte bitte hochlegen!

3. Spekulation mit System – der »Verzehnfacher«

Der Beruf des Spekulanten an der Aktienbörse ist aus der Mode gekommen. Alle wollen weise Investoren vom Schlag eines Rothschild sein. Immer häufiger treffe ich ältere Herren, auf deren Visitenkarte die Berufsbezeichnung »Privatinvestor« steht. Das klingt gut. Meist sind es frühpensionierte Banker oder Industriemanager. Mit einer Abfindung ihres letzten Arbeitgebers in der Tasche spielen sie nun den Vollzeit-Investor. Spekulanten? Nein, das sind sie sicher nicht!

Dabei gibt es für den schlechten Ruf eines »Börsenspekulanten« gar keinen Grund. In den Zwanziger- und Dreißiger-Jahren des 19. Jahrhunderts wurde noch exakt zwischen den Investoren einerseits und den Spekulanten andererseits unterschieden.

Ich habe ja schon in einem der vorangegangenen Kapitel auf den Unterschied zwischen einem Investor und einem Spekulanten aufmerksam gemacht. Der Investor orientiert sich an der Bewertung des Unternehmens. Er ist überzeugt, dass sich der wahre Wert der Aktie an der Börse langfristig in höheren Kursen niederschlagen wird.

Der Börsenspekulant dagegen hat primär die Börsenkurse im Auge. Er sinniert darüber, wie sich die Kurse entwickeln könnten, allein auf Grund der Börsenstimmung und der Trends der Kapitalströme. Der Spekulant muss sich mit den Mechanismen der Finanzmärkte und der Börsen-Massen-Psychologie auskennen, nicht mit der einzelnen Aktiengesellschaft.

Wer als Geld- und Kapitalanleger gradlinig denkt, sollte sich entscheiden: Will er Spekulant oder will er Investor sein? Die Erfahrung zeigt, dass ein Wandern von der einen Fraktion zur anderen schnell in den finanziellen Ruin führt. Wer ehrlich in die Selbsterforschung geht, wird feststellen, zu welcher Gattung Börsianer er gehört. Es geht also nicht darum, was besser klingt oder womit man beim Rotary-Treffen glänzen kann. Vielmehr gilt es herauszufinden, auf welchem Börsenfeld man sich zu Hause fühlt. Es ist am Ende eine Charakter- und Typ-Frage.

Diejenigen Geldanleger, die eindeutig ins »Spekulanten-Lager« gehören, haben den Nachteil, dass sie ihre Anlagestrategien selbst entwickeln müssen. In Fachbüchern, bei den Banken und an den Universitäten wird man kaum eine Bedienungsanleitung zum erfolgreichen Spekulieren finden. Im Gegensatz dazu werden die zahlreichen Investoren-Anlagetheorien auf einem quasi pseudo-wissenschaftlichen Status gehandelt.

Ein erfolgreicher Spekulant darf sich nicht von den täglichen Verlockungen an der Börse in die Irre führen lassen. Morgens gibt es ein Fusionsgerücht an der Frankfurter Börse, mittags wird ein Vorstandsvorsitzender in Zürich entlassen, abends legt ein Britischer Konzern gute Quartalszahlen vor und in der Nacht präsentiert ein Softwarekonzern in New York ein neues Produkt mit bahnbrechenden Aussichten.

In Asien geht es dann weiter. An der Börse in Hongkong purzeln die Casino-Aktien, weil die Chinesen überraschend mit Visa-Einreisebeschränkungen den Zustrom an Spielsüchtigen nach Macao begrenzen wollen. Und so geht es Tag für Tag. Gelegenheiten über Gelegenheiten. Dem Spekulanten schwirrt der Kopf und sein Pulver hat er schnell verschossen. Meist springt er im falschen Moment auf einen fahrenden Zug, der allzu oft im Sackbahnhof endet.

Ich habe im Verlauf meines Lebens einige extrem erfolgreiche Spekulanten kennengelernt. Warum waren Sie erfolgreich? Sie hatten alle hohe Ziele und Erwartungen. Da es für sie um sehr viel ging, haben sie ihren Erfolg nicht dem Zufall überlassen. Ihnen allen war gemeinsam, dass sie diszipliniert mit einer klaren Strategie gearbeitet haben. Und gleichzeitig sind sie mit beeindruckender Strenge einem konsequenten System gefolgt.

Um als Spekulant zu bestehen, sollte man sich auf den Weg machen, ein Profi zu werden. Amateure haben als Spekulanten wenig Chancen. Die erfolgreichen Spekulanten betrachten sich nicht als Verwalter ihres Vermögens. Nein, sie sehen sich als »Kapital-Vervielfacher«. Nach meiner Beobachtung versuchen sie, in Zeitabständen von drei bis vier Jahren ihr Kapital zu verzehnfachen. Die Amerikaner nennen das die »Ten-Bagger«.

Während meiner Jahre in Singapur habe ich einen solchen Super-Spekulanten kennengelernt. Er war damals über 70 Jahre alt, Amerikaner, vor langer Zeit nach Singapur ausgewandert. Seit über 30 Jahren hatte er keinen Job mehr. Ein vollkommen unauffälliger

Mann, stets freundlich und entspannt. Er arbeitete von einem Zimmer von zu Hause aus. Seine Treffen hielt er in Hotellobbies ab. Er hatte sich ganz auf kleinere Explorationsfirmen an der australischen Börse spezialisiert. Ein hoch riskantes Metier.

Sein Umgang mit dem Hochrisiko war einfach: Sein Kapital war immer auf etwa 50 Aktienpositionen verteilt. Jede Position war zum Zeitpunkt seines Investments in seinem Depot gleich gewichtet. Ihm war völlig klar, dass über 90 Prozent seiner Engagements nicht fruchten würden. Im besten Fall würden sich die Totalverluste und die Gewinne die Waage halten.

Doch er konnte mir nachweisen, dass er in regelmäßigen Abständen ein oder zwei »Volltreffer« im Depot hatte. So stieg im Uranboom 2004 auf 2006 die Alliance Resources-Aktie von ein paar Cents im Kurs auf über 200 Cents. Jahre später profitierte er von dem gewaltigen Nova Nickelfund in West-Australien. Seine Sirius-Aktien schossen in ungeahnte Höhen. Die kleine Explorationsfirma Sirius wurde vom Independence Rohstoffkonzern für 1,8 Milliarden Australische Dollar aufgekauft.

Sein ganzes Netzwerk hatte er im Lauf der Jahre in der australischen Brokerszene aufgebaut – und zwar überwiegend bequem von Singapur aus per Telefon. Ihm war völlig gleich, ob die Geschäftsaussichten der Branche gut oder schlecht waren. Er wusste aus Erfahrung, dass es immer zu solchen Super-Explorationserfolgen kommt. Mit seinem Standard »50-Aktien-Depot« und mit seinem »Gleichgewichtungsansatz« hatte er seine Systematik gefunden. Der Schlüssel zu seinen Großerfolgen lag darin, dass er sein System über Jahrzehnte durchgehalten hat.

Wen eine solche Spekulationsmethodik anspricht, der muss nicht gleich nach Singapur oder Australien zu den Geologen auswandern. Nach meiner Einschätzung funktioniert dies auch mit einem anderen Spekulationsfokus: Aktiengesellschaften, die mit extremen wirtschaftlichen Problemen zu kämpfen haben und kurz vor dem Bankrott stehen. Hier muss der Spekulant sein Depot international aufbauen, dann kann er eine gute Mischung angeschlagener Unternehmen zusammenbekommen. Auf den Mix aus großen und kleinen Firmen aus verschiedenen Branchen ist dabei zu achten. Dies wäre ein typisches »Sanierungs-Turnaround-Depot«.

Je nach Fachwissen und Berufserfahrung kann sich der Spekulant auch Gedanken machen, ob er sich auf bestimmte Sachgebiete, wie Biotech-Start-ups oder Softwareschmieden in Silicon Valley, spezialisieren will. Es gibt unzählige Börsenmöglichkeiten zum Spekulieren. Aber denken Sie immer daran: Überprüfen Sie, ob Ihr Nervenkostüm auch dazu passt. Wenn ja, bleiben Sie auf jeden Fall dem System treu. Viel Erfolg!

4. Als konservativer Investor – von sechs auf 29 Euro

Wer an der Börse einen Volltreffer landen möchte, muss nicht zwingend in das Lager der Spekulanten wechseln. Auch als vorsichtiger und geduldiger Investor kann man an der Börse immer wieder auf enorme Anlagechancen stoßen. Wie so etwas in der Realität aussieht, möchte ich anhand eines nicht untypischen Falles aufzeigen – dem Verlauf meines langjährigen Engagements in der VTG-Aktie.

Die besten Anlagemöglichkeiten liegen meist genau vor der Haustür. Im Fall der VTG-Aktie sollte man besser sagen: an der Bahnschranke. Immer wenn so ein ellenlanger Güterzug an mir langsam vorbeizuckelte und ich ärgerlich im Auto warten musste, sah ich das Zeichen »VTG« an den Kesselwagen. Irgendwann begann ich darüber nachzudenken, was es mit dieser »VTG« wohl auf sich habe. Das war im Jahr 2007.

Damit nahm eine meiner besten Value-Entdeckungen ihren Anfang. Schon damals war die VTG, mit Sitz in Hamburg, in Europa der größte nicht-staatliche Waggonvermieter. Doch kaum ein Investor hat sich zu dem Zeitpunkt mit der Aktie beschäftigt. Kaum einer verstand das Geschäftsmodell. Die meisten konnten die Bilanz nicht richtig interpretieren, wenn sie sich überhaupt die Mühe gemacht haben, die Bilanz zu lesen.

Die VTG-Gruppe war 2005 von dem amerikanischen Investor Wilbur Ross, einem erfahrenen »Haudegen«, gekauft worden. Verkäufer war die alte Preussag, die sich nun TUI nannte. Kurz danach, im Jahr 2007 brachte Wilbur Ross die VTG-Aktie an die Börse. Ross blieb über seine Holding alleiniger Mehrheitsaktionär.

Für mich war sehr schnell klar, um was für eine gute Gelegenheit es sich hierbei für Investoren handelte. Das Geschäftsmodell mit seinen langen Mietverträgen war bestechend, der langfristige Trend von der Straße auf die Schiene einleuchtend. Aber niemand wollte sich meinen Argumenten anschließen – zumal der Kursverlauf der Aktie zunächst unerfreulich war. Zudem handelte es sich um einen in Deutschland unbekannten Großaktionär, der nie in Erscheinung trat!

Als meine Berechnungen ergaben, dass die VTG zu den ganz wenigen Aktien gehörte, die damals unter Buchwert notierten (von den stillen Reserven und dem Goodwill ganz zu schweigen), war für mich der Fall klar. Zwischen 2008 und 2009, mitten in der Lehmann Finanzkrise, fing ich an, auf VTG-Aktien zu setzen. Die ersten Kurse lagen bei sechs Euro (Ende Mai 2016 notierte die VTG Aktie bei 28 Euro)!

Die Aktie blieb an der Börse unverstanden, die Kurse waren über lange Zeit gedeckelt. Es war eine echte Herausforderung, nicht frustriert die Flinte ins Korn zu werfen. Immer wieder versuchte der Aktienkurs durch die 17 Euro-Marke zu stoßen. Vergeblich. Später stellte sich heraus, dass ein Fonds, der etwa vier Prozent der Aktien besaß, als »Dauerverkäufer« im Markt lag.

Durch Aufnahme eines Unternehmers aus der Branche, der seine Waggonflotte in die VTG mit einbrachte, erweiterte sich schließlich der Aktionärskreis. Verstärkte Investor-Relationsbemühungen setzen daraufhin bei der VTG in der Hamburger Zentrale ein. Als nächster Schritt fing Wilbur Ross dann im Frühjahr 2016 an, sich altersbedingt zurückzuziehen. Es gelang, die Joachim Herz Stiftung (Tchibo Familie) als strategischen Investor zu gewinnen. Damit war die nächste Eisschicht gebrochen. Die Investorengemeinschaft horchte auf. »Ja, wenn so eine prominente deutsche Unternehmerfamilie auf hohem Kursniveau sich beteiligt, ja dann …« Es sickerte langsam durch, dass die Aussichten der VTG-Aktie besser waren denn je.

Im Mai 2016 gab es einen erneuten Paukenschlag. Der Großunternehmer Kühne von Kühne & Nagel übernahm ein 20 Prozent-Aktienpaket von Wilbur Ross. Das Kursniveau lag bei 28 Euro pro Aktie.

Aus dem Mauerblümchen VTG, dem kaum Beachtung geschenkt wurde, ist dank guter Arbeit des Managements und des Aufsichtsrats sowie der Umsicht des alten Großaktionärs eine hoch interessante Aktienstory geworden. Die Tatsache, dass in der Zwischenzeit drei große Profi-Aktionäre auf hohem Kursniveau engagiert sind, spricht langfristig auch weiterhin für die guten Zukunftsaussichten der VTG. Auch in meinem Value-Fonds »ME Fonds – Special Values« sehe ich keinen Grund, eine solche Aktie zu verkaufen.

Wenn ich mir bei Durchsicht der Depotauszüge den Einstiegskurs der VTG-Aktie zu sechs Euro anschaue, wird mir immer wieder bewusst: Um an der Börse mein Kapital zu vervielfachen, brauche ich mir nicht unüberschaubare Megarisiken in Silicon Valley mit ungewissen Start-ups aufzuladen. Es geht auch anders. Zu Hause – mit viel Geduld und Stehvermögen. Also: Augen auf im Alltag, auch vor der Bahnschranke.

5. Währungen: Nicht alle Schiffe auf einer See

Was die Währungen angeht, so gilt von jeher die alte Kaufmannsweisheit: »Nicht alle Schiffe auf einer See«. Wer kein Währungsspekulant sein möchte, sondern Gelder langfristig anzulegen hat, sollte niemals nur in *einer* Währung engagiert sein. Mal ist der US-Dollar, mal das Pfund, mal der Euro stärker. Die Devisenkurse hängen letztlich von der Politik ab und sind von daher unkalkulierbar.

Eine Sonderstellung nimmt jedoch der Schweizer Franken ein. Er war schon immer die bessere Währung – zu Kriegszeiten und auch nach dem zweiten Weltkrieg, selbst im Vergleich zur alten, starken Deutschen Mark (DEM). Dies hat sich auch in den letzten Jahren gegen den Euro fortgesetzt. Daran hat auch der Eingriff der Schweizer Nationalbank über mehrere Jahre bei 1,20 nichts ändern können. Die Schweizer Franken-Konteninhaber sind die großen Währungsprofiteure.

Angesichts eines Währungsgewinns von 15 Prozent im Jahr 2015 innerhalb weniger Tage, fragt es sich, ob eine kleine Gebühr von 0,75 Prozent p.a. als »Strafzins« wirklich so eine »schlimme Sache« ist. In der ruhigen Perspektive ist das wohl eher zu verschmerzen. Sicherlich: Keiner zahlt gerne 750 Schweizer Franken im Jahr bei einem Guthaben von 100.000 Schweizer Franken. Man sollte jedoch im Auge behalten, dass schon eine kleine Devisenkursverbesserung von nur zwei Cents zu einem Wertzuwachs von 2.000 Schweizer Franken führt.

Der langfristige Anleger könnte die 0,75 Prozent als eine Art »Clubgebühr« betrachten; und zwar für einen exklusiven Club. Eigentlich sollte man sich wegen einer solchen eher kleinen Gebühr nicht aus einer besseren Währung drängen lassen. Denn was wird wohl passieren, wenn eines Tages die Schweizer Nationalbank die Strafzinsregelung wieder abschafft?

6. Die Kraft der Dividenden

Haben Sie schon einmal daran gedacht? Einkünfte aus Dividenden sind seit Jahren die beste Einkommensklasse weit und breit. Dies ist nur wenigen Eingeweihten bekannt.

Die Deutschen Anleger haben Angst vor der Börse. Trotz zunehmenden Wohlstands rangiert die Aktienquote unverändert auf tiefem Niveau. Im Jahr 2014 waren es etwa vier Millionen Anleger, die Aktien besaßen. Im Jahr 2000 lag die Zahl noch bei über sechs Millionen Bundesbürgern. Das war das Jahr des Telekom- und Neuen Markt-Booms. Statistisch gesehen, liegt die Aktienquote damit bei mageren sieben Prozent der erwachsenen Bevölkerung. Rechnet man noch die Aktienfonds dazu, sind es etwa 14 Prozent.

Die meisten Leser lassen diese Ziffern kalt, denn sie betrachten die Aktienbörse als ein spekulatives Feld für Spezialisten und Leute, die zu viel Geld haben. Man sollte es aber einmal aus einer anderen Perspektive sehen. Wenn nur wenige Prozentpunkte der Bevölkerung Aktien besitzen, dann verpassen – in anderen Worten – rund 80 bis 90 Prozent der Bevölkerung die beste Anlageklasse der letzten 15 Jahre: die Dividenden-Einkünfte. Allgemein werden die Immobilieneigentümer mit ihren Mieteinnahmen als die Glückspilze der Nation beneidet. Doch der Vermietungssektor verblasst regelrecht im Vergleich zu den Steigerungsraten bei den Dividenden-Einkünften.

Schauen wir uns drei Beispiele aus drei Ländern an.

In der Schweiz zahlte die Nestlé-Aktie folgende Dividenden: im Jahr 1996 wurden 0,30 Schweizer Franken pro Aktie, im Jahr 2002 waren es schon 0,70 Schweizer Franken und in 2014 wurden 2,20 Schweizer Franken pro Aktie an die Aktionäre ausgeschüttet.

In den Vereinigten Staaten von Amerika zahlte der 3M-Konzern im Jahr 1996 eine Dividende in Höhe von 0,96 Dollar, im Jahr 2002 waren es 1,24 Dollar und in 2015 lag die Dividendenhöhe bei 4,10 Dollar pro 3M-Aktie.

Auch in Deutschland braucht man sich nur in einer der großen Einkaufsstraßen umzuschauen, um einen starken Dividendenzahler zu entdecken. Die Optikerkette Fielmann AG zahlte pro Fielmann-Aktie im Jahr 2002 eine Dividende von 0,32 Euro. Diese wurde kontinuierlich auf nun 1,60 Euro pro Aktie angehoben.

Bleiben wir exemplarisch bei dem Fielmann-Beispiel. Sie müssen sich einmal vor Augen führen, was das konkret heißt. Die Dividendenentwicklung bei Fielmann ist so, als wenn Sie als Wohnungseigentümer im Jahr 2002 ein Appartement für 320 Euro im Monat vermietet hätten. Und im Lauf der Zeit, ohne Renovierungen oder andere Investitionen, ohne Mieterwechsel und sonstige Arbeiten, zahlt Ihnen der Mieter für dasselbe Appartement nun eine Monatsmiete in Höhe von 1.600 Euro.

Bei Nestlé wäre es so, als wenn ein Monatsgehalt von 7.000 Euro aus dem Jahr 2002 auf 22.000 Euro im Monat angehoben worden wäre; und zwar ohne Beförderung oder Mehrarbeit. Mir sind solche Fälle aus dem Immobiliensektor und Arbeitsmarkt nicht geläufig. Im Gegenteil: Bei Lohn- und Gehaltserhöhungen wird für ein paar Prozentpunkte verbissen gekämpft und gestreikt. Bei den Immobilien sind Mietobergrenzen und andere regulatorische Maßnahmen eingeführt worden.

Die drei Beispiele sind keine Einzelfälle. Generell kann man feststellen, dass die Einkünfte aus Dividenden sich im Verlauf der letzten 15 Jahre bei vielen Aktiengesellschaften verdoppelt oder verdreifacht haben. Diese Stärke in der Einkommenskategorie »Dividende« ist keine Eintagsfliege. Sie ist auch nicht das Resultat eines atypischen Wirtschaftsbooms der jüngeren Vergangenheit.

Dividenden sind verlässlicher gezahlt worden, als gemeinhin vermutet. Der 3M-Konzern zahlt ohne Unterbrechung seit 98 Jahren jährlich eine Dividende an seine Aktionäre. Der Weltmarktführer bei Zahnpasta, Colgate-Palmolive, schüttet seit 1895 Dividenden aus und der Pharmariese Eli Lilly seit 1885. Die Liste lässt sich verlängern.

Apropos, bevor ich schließe: Sicher werden einige von Ihnen denken: »Ja, mit den Dividenden ist das ja gut und schön, aber was ist mit den schlimmen Kursschwankungen der Aktien an der Börse?« Ich kann Sie beruhigen. Die Wertentwicklung für den langfristigen Geldanleger ist bei unseren Beispielen ebenso gut verlaufen. Die Fielmann-Aktie stand im Januar 2002 bei 9,50 Euro. Im Jahr 2016 notierte sie bei über 60 Euro! 3M kostete im Januar 2002 pro Aktie 57 Dollar. 2016 zahlt der Anleger über 160 Dollar.

Da wird einem erst einmal klar, was man verpasst hat. Allerdings: Kursgewinne würde ich in mein Kalkül nicht miteinbeziehen. Sie sind nicht kalkulierbar. Dividendenzahlungen dagegen sind eine berechenbare Größe.

7. Die Zauberformel beim Vermögensaufbau: Re-investieren

Warum werden die Reichen immer reicher? Es hat einen einfachen Grund: Sie re-investieren ihre Kapitalerträge.

Für jeden Geldanleger gilt: Für eine dynamische Vermögensentwicklung gibt es kaum etwas Besseres als die systematische Wiederanlage von Kapitalerträgen, das sogenannte »Re-Investment«. Es ist der Turbo beim Kapitalzuwachs.

Wenn es um den Aufbau Ihres Vermögens geht, würde ich mir ein Wort gut einprägen: »Re-investieren«. Es ist mit das wichtigste Wort, das Sie sich merken sollten. Ganz gleich, ob Sie am Anfang Ihrer Berufslaufbahn stehen oder schon über viel Kapital verfügen – die systematische Wiederanlage der Erträge macht den Unterschied.

Der Ansatz ist ganz einfach: Versuchen Sie, alle Ausgaben des täglichen Lebens aus Ihrem laufenden Einkommen zu bestreiten. Freuen Sie sich über die jährlichen Dividendenausschüttungen Ihrer Aktien. Aber ziehen Sie nach Möglichkeit den schönen Dividendensegen nicht von Ihrem Konto ab.

Das Gleiche gilt für realisierte Börsen-Kursgewinne. Wer es schon einmal erlebt hat, der weiß, wie verführerisch es ist. Sie haben Jahre in einer Aktie ausgeharrt. Zwischendurch ging es Ihnen ganz ordentlich an die Nerven. Über lange Zeit saßen Sie auf Kursverlusten. Sie waren sich nicht immer sicher, ob es mit Ihrem Investment gut ausgehen würde. Vorbildlich haben Sie aber durchgehalten und die Aktie im Depot behalten – allerdings mit einem mulmigen Gefühl im Bauch.

Eines Tages passiert dann das Unerwartete: eine Firmenübernahme, ein »Take-over«. Ich selbst habe es vor Jahren bei der Firma PALL Corp. erlebt. Die Aktie des führenden Filterproduzenten wurde an der New Yorker Börse gehandelt. Mein Durchschnittseinstandspreis aus den Jahren 2011 und 2012 lag bei etwa 48 US-Dollar. Mit den Kursen ging es auf und ab. Zwischendurch hatten die Aktionäre unter einem Buchhaltungsskandal zu leiden, der den Kurs für längere Zeit in die Knie drückte.

Da PALL Corp. jedoch über ein sehr spezielles Fach-Know-how in der zukunftsträchtigen Filtertechnologie verfügte, legte der Mischkonzern DANAHER im Mai 2015 ein großzügiges Übernahmeangebot auf den Tisch. Zum Kurs von 127,50 US-Dollar wurden die Aktionäre abgefunden. Das Geld fiel quasi wie Manna vom Himmel. Fortuna schüttete ihr Füllhorn aus. Die Aktionäre jubelten. Ich kenne einen Mitaktionär, der im Lauf der Jahre 96.000 US-Dollar in PALL Aktien investiert hatte. Ihm wurden nun dank dieser Firmenübernahme – ungefragt – 255.000 US-Dollar auf das Konto überwiesen.

Was läuft in einem solchen Glücksfall im Kopf der betroffenen Kapitalbesitzer ab? Schöne Bilder ziehen vor dem geistigen Auge auf. Lang gehegte Wünsche und Träume melden sich zu Wort: eine kleine Ferienwohnung, ein Segelboot vor Hiddensee, ein schnittiger Sportwagen. Man kann es sich gut vorstellen.

Doch Vorsicht! Denken Sie nun langfristig. Es wird sich auszahlen. Lassen Sie Ihr Kapital lieber in Frieden. Auch wenn es schwerfällt. Verwirklichen Sie Ihre berechtigten und schöne Träume lieber aus eigener Arbeitskraft. Es dauert dann halt etwas länger. Re-investieren Sie das Kapital und widerstehen Sie der Versuchung, es auszugeben. Nur so schalten Sie den Turbo bei Ihrem Kapitalaufbau ein.

Zur Veranschaulichung möchte ich – anhand des obigen Beispiels der PALL Corp. Übernahme – drei Szenarien durchspielen. Wir gehen von folgender Situation aus:

Erstes Szenario – nach dem PALL-Aktienverkauf gibt der Aktionär den Zugewinn für private Zwecke aus. Er investiert lediglich sein Ursprungskapital von 96.000 US-Dollar erneut. Er entscheidet sich für eine Aktie, die jährlich eine Dividende von drei Prozent ausschüttet. Die jährlichen Dividenden re-investiert er allerdings nicht. Nach zehn Jahren ist die Aktie um 35 Prozent gestiegen. Was ist in dieser Konstellation aus seinen 96.000 US-Dollar geworden?

Fazit: Nach zehn Jahren ist sein Kapital von 96.000 US-Dollar auf 129.600 angestiegen.

Im zweiten Szenario investiert der Aktionär ebenso. Allerdings entschließt er sich, diszipliniert die Dividende jedes Jahr zu re-investieren. Der Lohn: Sein Vermögen beträgt 174.100 US-Dollar nach zehn Jahren.

Drittes Szenario, der Aktionär verzichtet auf jeglichen Kapitalverzehr. Er re-investiert den gesamten PALL-Aktienerlös in Höhe von

255.000 US-Dollar. Zusätzlich re-investiert er auch die jährlichen Dividenden. Nach zehn Jahren verfügt er über ein Kapital in Höhe von 462.600 US-Dollar!

Der Effekt der Wiederanlage ist klar ersichtlich. Die Zahlen sprechen für sich. Wir haben es hier mit den Auswirkungen des Zinses-Zinseffekts zu tun. Entscheidend ist nicht das Wissen um den Effekt. In der Schule oder in der Ausbildung haben Sie sicherlich von dem Zinses-Zinseffekt gehört. In der Theorie ist alles klar. Die Herausforderung besteht darin, das Re-investieren konsequent umzusetzen und über Jahre durchzuhalten.

Erwarten Sie am Anfang nicht zu viel von Ihrem Kapital. Es muss langsam wachsen. Eine prominente Journalistin hat meinen Value Fonds »ME Fonds- Special Values« , der systematisch die Erträge re-investiert, im Magazin *Wirtschaftswoche* (Dezember 2014) mit den Worten charakterisiert: »Ein englischer Park statt welker Schnittblumen.« Besser kann man es kaum formulieren.

Behalten Sie zwei Aspekte im Auge: Wenn Sie mit einer Aktie zufrieden sind und gute Erfahrungen gemacht haben, dann re-investieren Sie die ausgeschüttete Dividende wieder genau in diese Aktie. So wird Ihr Aktienpaket immer größer. Wenn die Dividenden im Lauf der Zeit angehoben werden und auf lange Sicht der Kurs steigt, werden Sie eines Tages über den Turboeffekt in Ihrer Depotaufstellung staunen.

Sollten Sie das Glück haben, große Kursgewinne zu realisieren, dann parken Sie das frei gewordene Kapital erst einmal in Ruhe auf dem Konto. Dass es dort wahrscheinlich keine Zinsen bringt, sollte Sie kalt lassen. Bloß keine Hetze. Seien Sie dankbar für den »Windfall Profit«, den unerwarteten Zugewinn. Nehmen Sie sich Zeit und suchen in aller Ruhe nach einem Alternativ-Investment: eine neue Aktie. Wenn diese Ihre Anlagekriterien erfüllt, dann geht die Reise Ihrer Kapitalvermehrung weiter.

8. Wie baue ich eine Aktienposition auf?

Hat sich der Geldanleger für eine Aktie entschieden, stellt sich die Frage, wann und wie er nun einsteigen soll. Und da scheiden sich die Geister.

Ich habe meine erste Aktie im Jahre 1971 gekauft. Aus den vielen Fehlern, die ich –vor allem in den frühen Jahren – gemacht habe, bin ich zu einigen klaren Erkenntnissen gelangt. In den verschiedensten Börsenphasen von extremem Boom, langjährigen und langweiligen Seitwärtsbewegungen bis hin zu tiefen Baissen, habe ich immer wieder meine Kauf-Einstiegsmethodik überprüfen können. Hier ein paar – aus meiner Sicht – bewährte Schritte:

1. Kaufe nie alle Aktien auf einmal.
2. Einen ersten Block kauft man am besten zum vorliegenden Tageskurs, und zwar ohne Limit. Nur so bekommt man gesichert den Fuß in die Tür. Die Gefahr ist sonst zu groß, an einem falsch platzierten Kauflimit zu scheitern oder sich unnötig abzurackern.
3. Die zweite und dritte Kauftranche legt man mit Kauflimits in den Markt.
4. Danach gibt man der Position Zeit und beschäftigt sich frühestens nach einem halben Jahr wieder mit weiteren Nachkäufen. Vorher nicht. Nur so kann man verhindern, dass man nicht alles in einer bestimmten Börsenwelle kauft.

Einen wichtigen Aspekt beim Kaufen von Aktien habe ich häufig beobachten können:

Wenn man sich eine klare Meinung zum Kauf einer Aktie gemacht hat, darf man sich von aktuellen Kursveränderungen an der Börse im Moment des Kaufs auf gar keinen Fall abhalten lassen. Es ist ein schlimmer Fehler, sich zum Beispiel von Nachrichten zum Weltgeschehen, von volkswirtschaftlichen Prognosen und Expertenäußerungen beirren zu lassen. Die Kauforder muss an die Börse gegeben werden! Der Aufbau der Aktienposition beginnt. Das klingt einleuchtend und einfach, braucht aber gute Nerven und meist Jahre der Übung.

9. Der eigene Radarschirm gegen den Dämmerschlaf

Warum verpassen so viele Investoren oft die besten Chancen? Ihr Sichtfeld ist zu klein. Sie verfolgen nur, was an aktuellen Trends und Ereignissen von den Banken und Medien »serviert« wird. Mit dem Aufbau eines eigenen »Radarschirms« kann sich der Geldanleger helfen.

Ist es Ihnen als Geldanleger auch schon einmal so ergangen? Sie schlagen die Zeitung auf und lesen über die besonders gute Entwicklung einer bestimmten Aktie während der letzten drei Monate. Oder Sie blättern in einem Wirtschaftsmagazin und werden auf eine ganze Branche aufmerksam gemacht, deren Aktien seit sechs Monaten überdurchschnittlich an Wert zugelegt haben.

In beiden Fällen fassen Sie sich mit der Hand an den Kopf. Ja, mein Gott, wie konnte das passieren? Früher hatten Sie genau diese Aktie oder dieses Geschäftssegment eine Weile intensiv verfolgt und in Ihr Investmentkalkül mit einbezogen. Irgendwie – und Sie können sich das gar nicht mehr erklären – ist Ihnen das alles in Vergessenheit geraten, Sie haben einfach nicht mehr daran gedacht. Ihre Überlegungen kreisten zuletzt nur noch um ganz andere Börsenfelder. Wie war das nur möglich?

Wir haben es hier mit einem ganz typischen und zugleich tückischen Börsen-Phänomen zu tun. Die meisten Geldanleger verfallen schnell in eine Art Dämmerschlaf. Vor allem bei längeren Seitwärtsbewegungen der Börsen setzt schnell eine gewisse Langeweile ein. Sie raubt den Investoren den Elan, sich weiter mit dem Investment-Horizont zu beschäftigen. Die Engländer nennen das eine »Wait and see«-Haltung. Ich nenne das die »Seitwärts-Frust-Lethargie«.

In einer Hausse hingegen wähnt sich der Börsianer allzu gern in Sicherheit. Die Kurse steigen und alles scheint zu gelingen. Mit einigem Stolz fühlt er sich – auch wenn er es nicht gern zugibt – wie so ein kleines Börsengenie. Da hat er im stillen Kämmerlein seine innere Freude, wenn er seine Buchgewinne addiert. Er hat es ja schon immer gewusst, was für ein toller Hecht er ist. Auch in diesem Fall fehlt die Motivation, besondere Anstrengungen zu entwickeln, um neue Investmentfelder zu erschließen. »Es ist doch alles zum Besten.«

Die Quittung wird langsam serviert, aber sie kommt unausweichlich. Unmerklich veraltet das Wissen, das Know-how kreist um ein enges Aktienumfeld, das momentan attraktiv erscheint. Unpopuläre Branchen oder Aktien, mit denen man früher schlecht gefahren ist, werden einfach links liegen gelassen und aus der Beobachtung gestrichen. Neue Geschäftssegmente, die nach einem ersten Boom, im Kurs zusammengebrochen sind, werden erleichtert ausgeblendet.

So verhielten sich ja fast alle Geldanleger, die in dem ersten Internet-Neue Markt-Aktiencrash der Jahre 2001 bis März 2003 riesige Verluste erlitten hatten. Die Bereitschaft, sich nach schmerzhaften Verlusten weiter mit den Zukunftsaussichten dieser Branche zu beschäftigen war dahin. Und ganz typisch: Der eigentliche Siegeszug des Internets begann ja erst danach. Wer sich damals daraufhin weiter für Google-, Amazon- und Apple-Aktien interessierte, lag genau richtig.

Es ist immer das gleiche Schema zu beobachten. Die eigentliche Umkehr zum Besseren an der Börse erfolgt abseits der großen Schlagzeilen. Die Wurzeln für lang anhaltende Aktienkursanstiege werden im Stillen gelegt. Alle starren auf das Rampenlicht, der Rest ist geistig einfach nicht präsent. Es ist wie in der Tanzstunde – auf die Mauerblümchen achtet kaum einer.

Um das zu vermeiden, rate ich Anlegern zu einem einfachen Mittel: dem Aufbau eines eigenen »Radarschirms«. Damit lassen sich solche Lücken und Aussetzer vermeiden. Viele Wege führen dabei nach Rom.

Auf seinem »Radarschirm« kann der Investor beispielsweise festlegen, in welchen zeitlichen Rhythmen er gewisse Aktienkurse notieren und im Kurs vergleichen möchte. Aktien oder Anlage-Klassen, die ihm aktuell am Herzen liegen, sollte er alle drei Monate aufnehmen. Branchen, die ihm derzeit weniger gefallen, könnte er alle sechs Monate notieren. Und das, was er an sich im Moment in Bausch und Bogen ablehnt, gerade das sollte er alle zwölf Monate in seiner Liste vermerken.

Innerhalb einer Branche empfiehlt sich die Aufteilung in die Aktien, die dem Investor besonders gefallen und in diejenigen, die ihm nicht so sehr imponieren. Also seine »Likes« und »Not likes« – branchenbezogen.

Ebenso lohnt sich das Festhalten von »Tops« und den absoluten »Flops« bei den Aktien, über die man im Verlauf der Zeit in den Medien stolpert. Es gibt viele Ansätze und individuelle Schemata für den eigenen »Radarschirm«.

Der systematische Aufbau eines solchen Beobachtungsrasters für einen Zwölf-Monatsblock lohnt sich in jedem Fall. Es kostet fast nichts, nur ein wenig Zeit und Disziplin. Die laufende Aktualisierung und das Fortschreiben über Jahre hinweg sind dann das Tüpfelchen auf dem »i«.

Mein Fazit: Mit dem »Radarschirm« navigiert man erfolgreicher durch die Börsengewässer.

10. Exit-Strategie – eine Kunst

Das Kaufen von Aktien fällt den meisten Geldanlegern leicht. Das ist allein schon psychologisch begründet und hat mit dem Besitztrieb des Menschen zu tun. Oder sollte man besser sagen: mit der »Habgier«? Auffallend schwieriger ist die Frage zu beantworten, wann der Aktionär seine Aktien verkaufen soll. Dabei ist es erwiesen, dass eine richtige Verkaufsstrategie für den langfristigen Erfolg viel bedeutsamer ist als der Kaufzeitpunkt. Kaum ein Aktionär macht sich dazu konkrete Gedanken. Eine konsequente Exit-Strategie fehlt in der Regel. Offensichtlich ist die Frage des rechtzeitigen Verkaufsmoments eine echte Herausforderung für die meisten Aktionäre.

Wir haben es hier mit einem typischen, börsenpsychologischen Verhaltensmuster zu tun. Welchen Zyklus durchläuft der Anleger nach dem Kauf einer Aktie? Ist der Aufbau einer Aktienposition erst einmal abgeschlossen, ist der erste Drang, seinen Plan in die Tat umzusetzen, erledigt. Doch schon bald setzt beim frisch gebackenen Aktionär eine Erwartungshaltung ein: Jetzt, wo man die schönen Aktien in seinem Depot hat, sollte doch bitteschön der Kurs recht bald steigen. Wenn dem nicht so ist, setzt eine gewisse Enttäuschung und Verdrossenheit ein. Es wird emotional – als wenn die Kursnotiz es auf den speziellen Aktionär »abgesehen« hätte.

Auf der anderen Seite setzt im Falle anziehender Börsenkurse eine leichte Euphorie und Zuversicht ein. Schnell kommt das Gefühl auf, an der Börse »über Wasser gehen zu können«. Fällt hingegen das Börsenbarometer kurz nach dem Einstieg, so wird der Aktionär von einer Art Beklommenheit ergriffen. Mulmig liegt es ihm immer schwerer im Magen. Es schwant ihm: »Könnte es sein, dass ich die Lage falsch eingeschätzt habe?«

Die Angst, dass ein Fehlinvestment ihn teuer zu stehen kommen könnte, wird spürbar. In dieser Situation ist zudem häufig die Vogel-Strauß-Haltung anzutreffen: Augen zu vor der Realität und sich alles schönreden. Leicht verfällt der frustrierte Aktionär in die Rolle des schimpfenden Rechthabers: »Die Börse spinnt mal wieder. Das sind doch alles Idioten.« Schon der verstorbene Altmeister aus Ungarn, André Kostolany, hat postuliert, dass man nirgends auf der

Welt mehr Dummköpfe pro Quadratmeter antrifft als auf dem Börsenparkett.

Doch ganz egal, wie sich die Kurse direkt nach dem Kauf entwickeln und wie der Aktionär geneigt ist, die Sachlage zu betrachten, ab jetzt heißt es: Wann steige ich aus? Und zu welchem Kurs?

Die meisten Aktionäre drücken sich um diese Entscheidung. Sie lassen es darauf ankommen und machen es ganz von den jeweiligen Umständen abhängig. Und das ist ein Fehler. Deshalb sind auch die meisten Anleger so anfällig für Medienschlagzeilen. Panik und Euphorie in den Nachrichten schlagen massiv durch. Aus diesem Grund werden Anlagestrategien auch selten längere Zeit durchgehalten. Hier liegt auch der Grund für das weit verbreitete prozyklische Verhalten der Anlegerschar. In einer massiven Börsen-Baisse wird typischerweise zu spät und zum Tiefstkurs verkauft. In einer Phase der extremen Börsenüberhitzung wird aufgrund des Massentriebs sogar auf der Kursspitze noch mit Begeisterung im Taumel nachgekauft.

Das Fehlen einer Exit-Strategie äußert sich auch in dem sogenannten Fachterminus »Halteposition«. Eine Halteposition bei Aktien gibt es im Grunde genommen gar nicht. Eine Aktie kann man nur kaufen oder verkaufen. Dazwischen gibt es nichts. Denn wenn ein Aktionär eine Aktie »hält«, dann entschließt er sich de facto jeden Tag aufs Neue, diese Aktien zu kaufen. Denn jeden Tag steht ihm der Kurs-Gegenwert zu. Wenn er also seine Aktie »hält«, dann entschließt er sich somit, an diesem Tag die Aktie zu diesem Kurs zu kaufen. Er hätte ja mit dem Geld in eine andere Aktie investieren können. Dazu hat er sich aber nicht entschlossen. Eine Aktie »halten« heißt also nichts anderes als täglich neu »kaufen«.

Das hören die Geldanleger gar nicht gern, oder sie streiten dieses Faktum ab. Denn ab einem gewissen Kursniveau – sei es nach unten oder oben – möchten sich die meisten Anleger einer solchen Entscheidung entziehen. Warum? Weil sie nicht wissen, was sie tun sollen. Die Exit-Strategie fehlt. Deshalb beruhigen sie sich, indem sie die Aktie ja nur »halten«, also angeblich keine Entscheidung treffen. Das ist eine Art von Selbstbetrug.

Aus meiner Erfahrung hilft es, an der Börse mit einfachem Handwerkszeug zu arbeiten. Dazu möchte ich Ihnen drei Vorschläge unterbreiten, zur Gedankenanregung und um Sie vielleicht doch zu einer eigenen Verkaufskurs-Strategie zu bewegen.

1. **Erste Verkaufsvariante**: Am besten legt man bereits zum Zeitpunkt des Kaufes einer Aktie gleich den Verkaufskurs fest. Es empfiehlt sich, den Wunsch-Verkaufspreis zu notieren. Das hört sich einfach und lapidar an. Doch aufgepasst. Zum einen erfordert dies eine gründliche Auseinandersetzung mit seiner Investitionsentscheidung. Zum anderen ist es gar nicht so einfach für den Investor, im Zeitablauf eisern an diesem Verkaufskurs festzuhalten. Das konsequente Verkaufen der Aktie zu ihrem ursprünglich berechneten Kurs ist eine psychologische Herausforderung. In der Regel lässt sich der Aktionär durch euphorische Nachrichten Sand in die Augen streuen. Zu leicht wirft er seine nüchterne Berechnung als überholt über Bord. Es lassen sich immer Ausflüchte finden, um letztlich geldgierig auf noch höhere Kurse zu spekulieren. Bis es dann eines Tages zu spät ist.

2. **Eine andere Exit-Strategie:** Der Aktionär legt für die halbe Aktienposition ein anspruchsvolles, aber nicht allzu überzogenes Kursziel fest und fährt dann bei Erreichen des Kursziels – sozusagen – die sichere Ernte ein. Die andere Hälfte des Aktienpostens legt er dann langfristig zur Seite. Diese Aktien lässt man einfach ruhen. Wie einen guten Rotwein. Da schaut man am allerbesten nur noch selten nach den Kursen und wartet gegebenenfalls jahrelang ab. So sind die Aktionäre von großen Erfolgsunternehmen, wie zum Beispiel Apple, hervorragend gefahren. Mit dem ersten Schritt hat man das Gesamtrisiko stark minimiert. Und die zweite Tranche – nun die beschert einem vielleicht mit Geduld und etwas Glück den großen Geldsegen.

3. **Die dritte Exit-Strategie** wird Sie bestimmt überraschen: Man plant erst gar keinen Verkauf ein! Wer an die immerwährende Inflation glaubt und das investierte Kapital nicht zum Leben benötigt, wer sich mit der jährlichen Dividende zufriedengeben kann, der bleibt einfach auf seinen Aktien sitzen. In den USA gibt es vermögende Familien, die besitzen schon seit drei Generationen beispielsweise IBM-Aktien. Sie betrachten Aktien wie eine Unternehmensbeteiligung. Sie denken eher wie Unternehmer. Denn: Gute Aktien sind immer schon besser gewesen als Papiergeld. Also warum über-

haupt verkaufen, wenn mit der Firma alles okay ist? Diese Variante – nennen wir sie, »No exit at all« – hat den Vorteil, dass man mit großem Seelenfrieden die Kurse studieren kann. Eine Gelassenheit setzt ein, da man die Aktien ja sowieso nicht verkaufen will. Mein Großvater, Professor Anton Elsässer, war ein solcher Investor. Er hat in seinem ganzen Leben nur Kaufaufträge erteilt. Verkauft hat er nie. Recht hatte er. Denn über sein langes Leben sind die Aktien per saldo stark gestiegen. Sicherlich, die Haltung meines Großvaters ist selten anzutreffen und von einer außergewöhnlichen Disziplin gekennzeichnet. Ja, man kann sagen: Hier geht es schon um eine lebensphilosophische Frage. Vielleicht ist das für den einen oder anderen Geldanleger in einer stillen Stunde einen Gedanken wert?

Ganz egal, wie auch immer Sie Ihre Aktien-Investments planen: Eine konsequente Verkaufsstrategie gehört von Anfang an dazu. Orientieren wir uns doch zum Abschluss an besonders erfolgreichen Börsianern. Vor vielen Jahren hat mich die Aussage des Londoner Bankiers Nathan Rothschild aus dem 19. Jahrhundert nachdenklich gestimmt. Angesprochen auf das Geheimnis seines immensen Reichtums (den er sich durch geschickte Börsenoperationen erworben hatte) sagte er: »Wissen Sie – ich habe immer zu früh verkauft.«

11. Unbeirrt an der Börse disponieren – Tagesmeldungen ignorieren

Viele gute Börsenentscheidungen kommen nicht zustande, da sich die Aktionäre von Tagesmeldungen abhalten lassen.

Ob wir es wollen oder nicht, die Wirtschaftsnachrichten in den Zeitungen und Finanzportalen hinterlassen ihre Spuren. Bei den täglichen Börsenkommentaren aus Frankfurt und der Wall Street ist eine ganze Medienindustrie damit beschäftigt, im Nachhinein zu erklären, warum die Kurse gefallen oder gestiegen sind. Die kleinsten Kursveränderungen werden erläutert.

Für den Investor, der über seinem Depotauszug brütet, ist das eine gefährliche Gemengelage. Für ihn gibt es ja immer viel zu entscheiden. Was macht er bloß mit der Dividendengutschrift? Soll er bei einer seiner Langfrist-Aktienpositionen die Gunst der Stunde nutzen und den Kursgewinn einfahren?

Schon lange Zeit hat er eine bestimmte Aktie im Auge. Sie war ihm aber immer zu teuer. Nun gibt es eine Quartals-Gewinnwarnung. Der Kurs ist auf dem Niveau angekommen, welches ihn reizt, endlich in die Aktie einzusteigen. Soll er mit den ersten Kauforders beginnen? Wäre es sinnvoll eine andere Aktie zu verkaufen, die sich schon lange in einer Verlustposition befindet? Es geht ja um die Wertentwicklung seines Vermögens und die Optimierung seiner Kapitalallokation.

Bei all diesen Entscheidungsprozessen trommeln die Tagesmeldungen unablässig auf den armen Aktionär ein. Es erfordert viel Stehvermögen und Training, sich bei seinen Dispositionsentscheidungen von dem Medien-Blitzgewitter freizumachen.

Als junger Mann bin ich den Tagesereignissen der Börse oft zum Opfer gefallen. Das hat mich häufig Geld gekostet. Wie sah so ein typisches Szenario aus? Am Abend habe ich die Kurse studiert. Mein Research zu einer gewissen Aktie war endlich fertig. Meine Entscheidung stand fest. Ich wollte die Aktie kaufen. Nach weiterem Studium der Fünfjahres- und Zweijahres-Charts sowie der Analyse des Sechsmonats-Charts habe ich dann meine Limits für die Kauforder-Staffelung festgelegt. Am nächsten Morgen wollte ich die Orders genau so in den Markt geben. Mit dem Gefühl vorangekommen zu sein, bin ich erleichtert zu Bett gegangen.

Doch am nächsten Morgen, gleich zur der Eröffnung der Börse, rutschte der Kurs »meiner« anvisierten Aktie um drei Prozentpunkte ab. Und wie war meine Reaktion? Nüchtern betrachtet, hätte ich jubeln sollen. Unerwartet war die Aktie ja zu einem tieferen Kurs zu haben. Stattdessen war ich verunsichert. Hatte ich etwas bei meinen gestrigen Überlegungen übersehen? Wäre es möglich, dass mit meiner Aktie doch etwas nicht stimmte?

Beeindruckt von dem Tages-Kursrutsch, einer an sich für mich ja positiven Entwicklung, habe ich paradoxerweise meine Kauforders nicht platziert. Von einem Investment habe ich abgesehen. Es war mir nicht mehr geheuer.

Schon wenige Tage später hatte sich der Kurs der Aktie deutlich erholt. Der von mir antizipierte längerfristige Kursanstieg setzte ein. Mein Research war richtig gewesen. In der Ausführung meiner Börsenentscheidung hatte ich versagt. Die Kurse zogen »ohne mich« davon.

Die Psyche fährt mit den meisten Börseninvestoren Schlitten. Das trifft leider beim Disponieren von Kauf- als auch von Verkaufsentscheidungen zu. Fallen die Kurse auffallend an dem Tag, an dem der Geldanleger Aktien kaufen möchte, bekommt er es mit der Angst zu tun und zögert. Der andere Fall: Der Aktionär hat sich ganz klar am Vortag zum Verkauf seiner Aktienposition entschlossen. Am folgenden Tag schießt der Aktienkurs jedoch in die Höhe. Und wie ist die häufige Reaktion: »Hoppla! Besser noch nicht verkaufen. Da ist ja offensichtlich noch mehr im Kurs drin.« Die Geldgier setzt ein. Die nüchterne Überlegung des Vortags wird über den Haufen geworfen.

Immer wieder stelle ich fest, dass Investoren lieber dann Aktien kaufen, wenn die Börse ein paar Tage Rückenwind bei den Kursen hatte. Die Geldanleger suchen quasi einen »Halt« für ihre Entscheidung. Sie neigen im Unterbewusstsein dazu, auf eine Bestätigung ihrer Überlegungen zu warten. Das ist ein teurer Spaß.

Auf der anderen Seite sorgen Tage mit schwachen Börsenkursen dazu, die Investoren zum Verkaufen zu bewegen. Umgekehrt müsste es sein!

Als Value-Investor kann ich nur dazu raten, sich gegen die punktuellen Bewegungen und Börsenparkett-Meldungen »einzuigeln«.

Seien Sie versichert: Wenn Sie als Investor Ihre Hausaufgaben gemacht, Sie Ihre grundsätzliche Entscheidung getroffen haben und es sich nicht um einen »Schuss aus der Hüfte« handelt, dann sollten Sie zu Ihrer Entscheidung stehen. Exekutieren Sie Ihre Orders, wie Sie es an Ihrem Schreibtisch beschlossen haben. Schauen Sie nicht nach links und rechts. Ob der Dow Jones Index oder der DAX an dem Tag auffällig rauf- oder runtergeht, ignorieren Sie es einfach. Denken Sie langfristig. Sie sind der »Boss« Ihres Kapitals. Ziehen Sie die Sache durch.

12. Das Vermögen nicht zu häufig zählen

Es ist durchaus verständlich. Vielen Geldanlegern macht es Spaß, ihr Vermögen zusammenzuzählen. Aber die ständige Schau auf die Gesamt-Vermögensaufstellung sollte im Kopf der Anleger nicht zu viel Raum einnehmen.

Ich erinnere mich noch genau. Als junger Student an der Universität Ende der Siebziger Jahre, saß ich ein Semester lang in einem Seminar, das sich nur mit der Bedeutung und Philosophie der Bilanzerstellung beschäftigte. Nicht weiter verwunderlich, war das Seminar nicht gerade populär. Acht Studenten kamen zusammen. Es stellte sich jedoch bald heraus, dass das Privatissimum mit dem Professor eine überaus nützliche Veranstaltung war. Das halbe Jahr mit der Beschäftigung dieser trockenen Materie hatte sich gelohnt. Für mein späteres Leben als Investor habe ich dort enorm viel an »Handwerkszeug« mitbekommen.

Bei irgendeiner Diskussion über die Wichtigkeit der Bilanzstetigkeit machte der Professor eine – leicht gedankenversunkene – Nebenbemerkung, die ich nie vergessen habe: »Es ist gar nicht gut, als Anleger oder Kaufmann sein Vermögen häufig zu zählen.« Diese Aussage hat mich damals überrascht. Als eifriger Jung-Börsianer gab es für mich kaum etwas Schöneres als meine Aufstellungen mit der Entwicklung meines Aktienportfolios, meiner Obligationen und meines Barvermögens. Täglich interessierte ich mich für die Tagesschlusskurse der Wertpapiere um 16 Uhr. Zeitweilig fieberte ich regelrecht darauf. Dabei stand ein Nachkauf oder ein Verkauf der Aktie gar nicht zur Debatte.

Erst einige Jahre später habe ich begriffen, was mit diesem Satz des Professors eigentlich gemeint war. Der ständige Blick auf die nominale Größe des Vermögens im Geld-Gegenwert kann leicht dazu führen, das eigentliche Denken einzuengen. Der Fokus rutscht auf die statische Betrachtung des Status quo. Der Geldanleger sollte aber immer sein Augenmerk auf die künftigen Entwicklungen setzen. Dabei geht es um die Absicherung des Ersparten auf der einen Seite und um die langfristigen Chancen und Potenziale der Investmententscheidungen auf der anderen Seite.

Die absoluten Zahlen und Größenordnungen eines wachsenden oder in einer Krise schrumpfenden Vermögens führen schnell in die Irre. Entweder wird der Geldanleger zu leichtsinnig im Umgang mit seinem Geld, weil er ja inzwischen »so vermögend« geworden ist. Risiken werden verniedlicht oder vom Tisch gewischt. Oder der Investor wird von der Angst ergriffen, da sein Kapital dahinschmilzt. Diese Sorge hindert ihn daran, einen kühlen Kopf zu behalten und den gesunden Menschenverstand einzusetzen, wenn es um seine Dispositionsentscheidungen geht. Er hängt fest in der Klammer der »Verlustangst«.

Nach meiner Erfahrung ist der weit verbreitete Modus in der Finanzwelt, monatlich oder quartalsweise über den Depotaufstellungen oder Gesamt-Vermögensaufstellungen zu brüten, nicht die optimale Vorgehensweise. Erschreckend ist es zu sehen, dass manche Family Offices und Privatanleger sogar sehr viel Geld dafür ausgeben, sich diese Monats- oder Quartalsberichte (in Fachkreisen »Bibeln« genannt) von Fachleuten teuer erstellen zu lassen. Die Besprechungstermine, bei denen dann das Zahlenwerk haarklein genau durchgeackert wird, meist in Tagessitzungen, sind feste Größen im Jahreskalender. Mit Freude oder mit Schrecken wird zur Kenntnis genommen, dass man schon wieder um »so und so viel« reicher oder ärmer geworden ist. In der Regel aber nur auf dem Papier!

Monate, Quartale, ein Kalenderjahr – das sind künstliche Zeiteinteilungen. Entscheidend ist aber nicht die Zeit, sondern das Vermeiden von dauerhaften Verlusten und der nachhaltige Zuwachs des Vermögens: Ganz gleich, ob ich dazu zwei Jahre oder sieben Monate benötige. Die Zeit vergeht eh schnell. Das Kapital ist die feste Größe.

Dennoch sollte natürlich jeder verantwortungsvolle Geldanleger einen Überblick über seine gesamte finanzielle Situation behalten. Ich plädiere für folgenden Ansatz: Zweimal im Jahr trage ich alle Daten zusammen und werte sie aus. Ich habe mir angewöhnt, anders als früher, mich in keinem Fall künstlich – zum Wohl des eigenen Egos – »reichzurechnen«.

Wie gehe ich vor? Das selbst genutzte Eigenheim, mein »Dach über dem Kopf«, wird bei mir immer mit NULL Euro angesetzt. Ich möchte nie zur Miete wohnen. Also ist das gebundene Kapital kein verfügbares Geldvermögen für mich. Eine Beleihung meiner selbstgenutzten Wohnung für andere Investitionszwecke ist undenkbar. »Never bet the Farm«, sagen die Amerikaner dazu. Egal, was passiert, bei der eigenen Immobilie ist mit Spekulationen oder anderen »Finanzmätzchen« Schluss. Erst wenn ich mich eines Tages verkleinere, meine Immobilie gegen eine billigere sozusagen tausche, entsteht in meiner Aufstellung ein neuer Geld-Gegenwert in Höhe der Preisdifferenz aus dem erzielten Verkaufs- und Kaufpreis.

Vermietete Immobilien bewerte ich sofort nach dem Erwerb mit einem 30-prozentigen Abschlag. Dabei gehe ich davon aus, zu diesem ermäßigten Preis im Falle eines zwingenden Notverkaufs, auch tatsächlich schnell einen Käufer zu finden.

Kunstgegenstände erhalten bei mir, ganz gleich welcher noch so guter Bonität, einen Abschlag in Höhe von 50 Prozent. Damit berücksichtige ich die Händlermargen beim Ankauf sowie die Gebühren und Unsicherheiten des Kunstmarktes in der Auktionsszene.

Aktien und Gold werden bei mir immer zum Einstandskurs angesetzt. Im Fall einer argen Börsenkrise übernehme ich zum Stichtag der Vermögensaufstellung den tieferen Börsenkurs. Und dieser tiefe Wert bleibt auch in meiner Liste – bis zum Verkauf. Das heißt, während ich die Aktie halte, schreibe ich mir keine Buchgewinne auf. Der Gewinn »auf dem Papier« lässt mich kalt. Ich will ihn gar nicht wissen. Wir kennen es ja alle aus eigener Erfahrung: Schon über Nacht genügt ein unerwartetes Ereignis und die ganzen schönen Gewinne sind dahin. Erst nach einem realisierten Verkauf übernehme ich die erzielte Geldgröße.

Was hat mir noch geholfen? Wenn ich Aktien über lange Zeit halte, dann denke ich nur in »Stück«, also der Anzahl meiner Aktien und nicht im Wert des Engagements. Was mich interessiert, ist möglichst viele von den guten Aktien zu besitzen, ganz gleich, ob die Kurse nun hoch oder tief sind. Vor allem nach einem Crash möchte ich mehr Aktien in der Stückzahl besitzen, als vorher.

Ich empfinde mich als »Paket-Besitzer« – Hauptsache die Anzahl meiner Aktien in der jeweiligen Position wird im Lauf der Zeit größer.

Im Fazit bin ich mit dieser Arbeitsweise in turbulenten Marktphasen weitaus besser gefahren als mit den viel gelobten Monatsaufstellungen samt den famosen Vermögenszuwächsen oder Vermögensverlust-Ausweisen.

13. Jeder Investor braucht seinen eigenen Krisenfahrplan

Die Irritationen an der Börse verunsichern viele Geldanleger. Das liegt daran, dass sie keinen Fahrplan für Zeiten fallender Kurse in der Tasche haben.

Nur wenige Geldanleger haben die Ruhe, Kursschwankungen gelassen hinzunehmen. Steigende Aktienkurse werden wohlwollend und genüsslich zur Kenntnis genommen. Es ist jedoch naiv, sich als »Schönwetter-Kapitän« auf das Börsenparkett zu wagen. Wie ich aufgezeigt habe, gehören fallende Kurse zum Börsensystem. Sie sind keine Katastrophe, viel mehr gehören sie einfach zum Ablauf des Geschehens.

Aus meiner Erfahrung wird der Hauptfehler von den meisten Investoren schon zum Zeitpunkt des Aktienkaufs gemacht. Wer sich für ein Börsenengagement entscheidet, sollte sich von Anfang an seine persönliche »Krisenstrategie« zurechtlegen. Diese sollte man auch über eine längere Zeit der Hausse nicht vergessen oder ad acta legen. Denn auch nach Jahren noch so schöner Kursavancen wird es sich an der Börse wieder einmal verdunkeln.

Welche Eckdaten sollte mein »Krisenfahrplan« enthalten? Zunächst einmal wäre der bewusste Entscheid festzuhalten, dass ich meine Aktie zu einem wohlüberlegten Preis kaufe. Das ist nicht bei allen Investoren so. Oft überwiegt doch der spontane Entschluss, ohne weitere Überlegung »mitzusegeln«. Im nächsten Schritt sollte ich festlegen, bis zu welchem tieferen Kurs ich mich noch freuen kann, da ich die Aktie billiger nachkaufen möchte. Und danach gehört derjenige Kurs in mein Krisenbüchlein, bei dem ich anfange, mich zu ärgern (aber trotzdem die Aktie im Bestand behalten werde, komme, was da wolle). Im letzten Abschnitt sollte ich notieren, zu welchem Kurs ich im Tief verkaufen werde, weil mir dann das Risiko einfach zu hoch ist.

Ohne den festen Krisenfahrplan als Begleiter in der Schublade, werden Sie es nicht schaffen, einen Börsen-Crash mit Abstand zu ertragen oder gar zu nutzen. Geraten die Börsenkurse erst einmal ins Rutschen, dann verliert der ungeübte Investor die Lust an seinem Aktiendepot. Je tiefer die Kurse fallen, umso weniger will er hinschauen. Am Ende, wenn die Verluste auf dem Papier ganz enorme Dimensionen angenommen haben, macht er frustriert den Aktendeckel zu und schaut nicht mehr hin. Er gibt auf und schmeißt hin.

Dieses Verhalten kennen wir aus der Arztpraxis. Wenn der Onkel Doktor mit der großen Spritze samt dicker Nadel ansetzt, machen wir die Augen zu oder schauen in die andere Richtung. Was beim Arztbesuch ganz in Ordnung ist, hat an der Börse für den leidgeplagten Investor fatale Folgen. Denn im Börsen-Crash heißt es: Gerade jetzt hinschauen, das Krisenbüchlein herausholen und in Ruhe und mit Abstand nachdenken.

Hier noch ein paar Gedanken, die Ihnen auf Ihrer Reise durch die Börse vielleicht helfen werden:

Ich bin aus jeder Börsenkrise am Ende des Tages besser herausgekommen als zuvor. Warum? Weil ich mich nicht über die viel zu tiefen Kurse aufrege, sondern in der tiefen Kursphase die Entwicklung der Aktien miteinander vergleiche. Die Aktien fallen sehr unterschiedlich. Und meistens hat mir erst die Krise ermöglicht, Aktien zu kaufen, die mir vorher viel zu teuer waren. Die finanziellen Mittel fließen mir zu, indem ich das Depot umschichte. Das ist der ganze Trick!

Die meisten Anleger befinden sich ratlos quasi im Schock und starren wie das Kaninchen gelähmt auf die Schlange. Sie sind über den Kursverfall entsetzt und bringen es nicht über das Herz, eine Aktie mit »so« viel Verlust zu verkaufen. Dadurch verpassen sie die Gelegenheit, ihr Depot besser auszurichten. Der kluge Investor hat nach dem Börsen-Crash ein Depot von höherer Qualität. Deshalb achte ich darauf, mein Depot aktiv zu bereinigen und Fehler zu korrigieren.

Im Sturm schmeiße ich Ballast von Bord und kauere nicht in der Kajüte. Als Resultat habe ich nach dem Crash mehr von den guten Aktien. Auf die Depotbewertung im irrationalen Börsen-Stimmungstief kommt es nicht an, sondern auf das Einsammeln von möglichst vielen der guten Aktien. Das schaffe ich, indem ich mutig und beherzt im Depot umschichte.

Seien Sie sich von Anfang an im Klaren, dass Aktienkurse auch allerbester Unternehmen bis zu 80 Prozent oder gar 90 Prozent an der Börse fallen können. In der Massenpsychose einer Börsenhysterie ist dies in den Jahren 1929, 1931, 1987 und auch 2008 vorgekommen. Und es wird wieder passieren. Wer solche vorübergehenden Ausschläge nervlich nicht ertragen kann, sollte sein Geld woanders anlegen.

Als Value-Investor achte ich auf die fundamentalen Daten in meinem Research. Aber in Krisenzeiten sollte man durchaus die Chart-Technik mit zurate ziehen. Vor allem in den Langfrist-Charts der Aktien spiegelt sich die Psyche der Börsenteilnehmer wider. Ich mag grundsätzlich den Zehn-Jahres-Chart einer Aktie. Dort kann ich tiefe und grundlegende Widerstands- und Auffanglinien in den Kursen erkennen. Sicherlich, ich finde dort nicht die ganze Antwort, aber ein brauchbares Thermometer. Es zeigt mir an, wie es um die Temperatur in der Börsenpanik steht.

14. Der fatale Herdentrieb

Die meisten Geldanleger werden Opfer von Informationsflut und Herdentrieb. Da hilft nur eins: sich mit dem Zeitgeschehen auseinander zu setzen.

Verständlicherweise suchen Geldanleger nach Erklärungen, warum manche von ihnen erfolgreich sind und viele eben leider nicht. Eine ganze Industrie von Beratern, Buchautoren, Publizisten, Veranstaltern und Pseudo-Gurus lebt davon, Wege zum Erfolg beim Thema Geld und Kapital aufzuzeigen. Die zahlenden Geldanleger versuchen ihren Idolen nachzueifern und pilgern wie die Lämmer zu Seminaren und Kongressen.

Andere wiederum verbringen ganze Tage auf Anlegermessen. Eine besondere Spezies von Interessierten sitzt zunehmend stundenlang vor dem Laptop, um andächtig populären »Webinaren« zu lauschen. Und das alles im Bemühen, kostenlos einige Tipps und Anlageideen »aufzuschnappen«. Begierig warten sie darauf, endlich den Zauberschlüssel zum Anlageerfolg in die Hände zu bekommen. Eine fatale Mischung aus unreflektierter Heldenverehrung und vermeintlich oberschlauer Trittbrettfahrerei. An der Börse ist dies ein altes Phänomen. Eines ist sicher: Auf diese Weise befreien sich Amateure niemals aus dem Status der Unbeholfenheit.

Der Ausgangspunkt zum dauerhaften Anlageerfolg liegt auf einem ganz anderen Gebiet. Es geht nicht um Finanzmathematik, Analysen von Kursverläufen oder »Banken-Fachchinesisch«. Das sind alles Nebelbomben. So erstaunlich es klingen mag, für mich steht fest: Das A und O ist der Umgang mit der Epoche und den Zeitumständen, in denen der Geldanleger lebt.

Das ist gar nicht so einfach, wie es klingt. Der Investor muss in der Zeit leben, in die das Schicksal ihn nun einmal gesteckt hat. Ob er es mag oder nicht. Ganz gleich, ob er die Bedingungen als günstig oder ungut empfindet. Sich an die Historie festzuklammern, in die »gute alte Zeit« zu flüchten und Scheuklappen aufzusetzen führt zu keinem Finanzerfolg.

Der Investor muss sich voll und ganz in das Leben begeben; es mit all seinen Facetten beobachten und verfolgen. Ein mürrisches und verärgertes Sich-Aussondern bringt nichts. Stattdessen heißt es, mit hellwachen Augen das Zeitgeschehen zu betrachten. Gute Investoren entwickeln ein sicheres Gefühl für die wahren Trends und Entwicklungen.

Hier kommen wir nun zum entscheidenden Punkt, zur eigentlichen Herausforderung. Denn wer mitten im Leben steht und sich mit seiner Epoche intensiv auseinandersetzt, der läuft Gefahr, von den Tagesereignissen und der Medienflut verblendet zu werden. Er meint zwar, dass er die Dinge richtig sieht, in Wirklichkeit wird er jedoch von der Medienlawine mitgerissen. Und so wird er unmerklich vom Herdentrieb der vorherrschenden Stimmungslage erfasst.

Darin liegt die größte Gefahr für den Geldanleger. Der Herdentrieb an den Finanzmärkten entsteht nicht zufällig. Die Stimmungslage der Massen ist das Ergebnis gezielter Maßnahmen von potenten Marktteilnehmern, ein Zusammengehen von einflussreichen Drahtziehern und Medienmanipulatoren. Immer wieder ist zu beobachten, wie renommierte, weltweit operierende Finanzhäuser die Anleger in kritischen Marktphasen mit extremen Prognosen aufschrecken.

Dazu gibt es eine lange Reihe von Beispielen von Top-Finanzadressen. »Der Ölpreis wird unter 20 US-Dollar fallen und wird auf Jahre nie mehr steigen«, – »Die Aktien sind viel zu teuer und die Kurse werden um 30 Prozent einbrechen«. Aus meiner Erfahrung kann ich nur Folgendes sagen – allen Alarmmeldungen aus dem Großbankensystem ist fast immer eines gemeinsam: Genau das Gegenteil wird eintreten.

Vor Jahren formulierte ein mir nahestehender Investor es ganz einfach so: »Manche Großbank benutzt seit jeher die Privatanlegerschaft gezielt als Schuttabladeplatz für ihre eigenen Investment Banking-Interessen.« Er zählte mir eine Reihe »schöner Beispiele« auf, die ich hier aus rechtlichen Gründen nicht nennen kann.

Besonderen Respekt habe ich vor den Spielern an der New Yorker Börse. Ich hatte das Glück, dass mir ein »alter Hase« und reicher Investor schon früh eingebläut hat: »Pass bloß auf, die besten Verkäufer der Welt sitzen in der Wall Street.« Den Wahrheitsgehalt dieser Aussage hat manche deutsche Sparkasse in den Jahren 2008 und 2009 am eigenen Leib beziehungsweise in ihrer Verlustrechnung erleben dürfen.

15. Die psychologische Seite des Verkaufens

Aktionäre tun sich schwer mit dem Verkaufen ihrer Aktien. Das hat schon manchen Investor viel Geld gekostet. Es lohnt sich an seiner Verkaufseinstellung »zu arbeiten«.

Für den Investor an der Aktienbörse geht es oft schneller als man denkt. Die Kurse sind in Bewegung. Das Schicksal meint es gut mit einem. Durch glückliche Umstände ist man unversehens mit zehn Prozent oder 20 Prozent im Gewinn bei einer Aktienposition. Es stellt sich bald die Frage: »Soll ich verkaufen?«

In einem solchen Fall sollten wir zwei Aspekte näher betrachten:

Ängste

Anstatt sich rundherum zu freuen, machen sich die ersten Sorgenfalten auf der Stirn bemerkbar. Was geht da auf einmal so alles durch den Kopf des Börsianers? »Ist es nicht zu früh? Aber was ist, wenn die Aktie langsam wieder nach unten dreht? Der Gewinn schmilzt dahin, erst auf acht Prozent, dann sechs Prozent und schließlich ist der ganze schöne Buchgewinn dahin. Das wäre doch schrecklich.« Hier geht es um Ängste – die Angst vor Verlust, letztlich Besitz-Verlustängste. Das ist ein Thema, mit dem sich der Investor unbedingt, *vor* dem Kauf der Aktie auseinandersetzen sollte. Es empfiehlt sich, das Szenario eines überraschenden Kursgewinns vorher bereits geistig mehrmals durchzuspielen.

Jeder Mensch hat da sein eigenes Psychogramm. Was für den einen viel ist, ist für den anderen wenig. Die nervliche Konstitution eines jeden Geldanlegers ist anders. Patentlösungen dazu wird man in keinem Buch finden. Wichtig ist es, in einer ausgeglichenen Gemütsverfassung seine Verkaufsentscheidung zu treffen. Und zwar in Ruhe. Das geht weder zwischen Tür und Angel, noch mit innerer Zerrissenheit und unbedacht spontanen Entschlüssen.

Besitzgier: »Haben-wollen«

Aber es gibt noch eine zweite, oftmals fatale Sorge, weshalb sich der Aktionär nicht zum Verkaufen seiner Aktienposition durchringen kann: Das schlimme Gefühl, nicht genug aus der Transaktion herausgeholt zu haben. Die Vorstellung, dass die Aktie noch weiter steigen könnte. Anstatt zufrieden zu sein, einen schönen Gewinn einzufahren, dominiert die Furcht, weitere Kursanstiege zu verpassen.

Das ist ein ganz gefährlicher Gift-Cocktail erster Güte, das kann ich Ihnen aus eigener Erfahrung versichern. Da sind schon riesige Summen verloren gegangen: Statt dankbar zu sein, verdrängen auf einmal Gier und Missgunst den gesunden Menschenverstand. Eine Sorge, die keine Sorge ist. Das alles sind nur geistige Luftnummern. Was zählt, ist, was ich für die Aktie gezahlt habe, und wie viel ich nun dafür bekomme. Wenn dabei ein Gewinn herausspringt, ist das doch wunderbar! Alles Weitere, was danach mit der Aktie an der Börse passiert, geht mich doch überhaupt nichts mehr an. Ich habe mein Geschäft gemacht. Die Missgunst, dass andere Investoren an »meiner« Aktie weiter oder sogar mehr verdienen könnten, hat schon viele Aktionäre von einem guten Verkaufszeitpunkt abgehalten. Mit finanziell fatalen Folgen.

Aus meiner Erfahrung kann hier eine alte Regel helfen. Sie heißt: »Die nächsten zehn Prozent immer für den Nächsten.« Ich finde an der Börse für meine Aktien doch nur einen Käufer zum höheren Preis, wenn sich der Käufer auch etwas ausrechnen kann. Er braucht eine Perspektive, eine Vision von höheren Kursen. Sonst würde er mir die Aktie auf dem erhöhten Niveau nicht abkaufen. Also verkaufe ich immer gerne etwa zehn Prozent unter meinem eigentlichen Zielkurs. Im Lauf der Jahre habe ich mir bewusst folgende Technik antrainiert:

1. Steigt der Kurs weiter, nachdem ich verkauft habe, freue ich mich ganz bewusst für den Käufer. Ich selbst investiere ja weiter mit dem Erlös aus meinem Verkauf. Ich bin schon auf zu neuen Ufern mit einer anderen Aktie. Oder ich fange etwas ganz anderes mit dem Geld an. Da ist doch alles in Ordnung.

2. Ist eine Transaktion erfolgreich abgeschlossen, interessiert mich nur, ob ich danach reicher bin als vorher. Die Aktie war für mich nur ein Werkzeug, ein Mittel mein Vermögen zu mehren. Ist die Aktie verkauft, schaue ich nicht mehr täglich nach dem Kurs. Nur noch selten. Ich habe verkauft und will nicht gleich wieder einsteigen. Warum also sollte ich meine Zeit und Gedanken damit verschwenden, den weiteren Kursverlauf zu verfolgen. Das ist emotionaler Blödsinn, nichts anderes.

Leider ist jedoch eine andere Haltung bei vielen Investoren anzutreffen, die offensichtlich einen Anlass suchen, um ständig zu jammern. »Oh, wie grässlich, ich habe viel zu billig verkauft. Hätte ich doch mehr Geduld gehabt. Mein Gott, wie ist die Aktie noch gestiegen …« Was für eine Vergeudung! Es sei denn, der Investor hat eine Veranlagung zum Selbstmitleid, oder er versucht, Aufmerksamkeit auf sich zu ziehen. Das mag es ja geben. Bessere Börsengeschäfte macht man damit sicher nicht.

Seit langer Zeit bemühe ich mich, einen alten Ratschlag zu befolgen: »Ein kluger Investor soll sich auf Gewinne nicht allzu viel einbilden und sich nicht allzu sehr über Verluste aufregen.« Genau, das trifft den Nagel auf den Kopf.

16. Gehört Ethik ins Aktiendepot?

Aktionäre sollten wissen, was in den Unternehmen mit ihrem Geld passiert. Das kaufmännische Kalkül steht im Vordergrund. Doch was ist mit der Verantwortung des Geldanlegers in Sachen Business-Ethik?

In allen kaufmännischen Belangen ist die Marschrichtung klar. Es geht darum, vernünftig mit dem Kapital zu wirtschaften. Nur so sind Kapitalerhalt und Einkünfte aus Kapital auf Dauer abzusichern. Dies gilt auch für den Geldanleger am Aktienmarkt. So sehr er sich auch über internationale Großwetterlagen und politische Unvernunft, Krisen und Missstände im Finanzsystem ärgern mag, letztlich hat er das hinzunehmen. Sein Mandat ist es nicht, ein Schattenkabinett zu bilden. Der Geldanleger muss sich im Rahmen des Zeitgeschehens mit der Vermehrung seines Vermögens – so gut es eben geht – zielorientiert beschäftigen.

Doch ganz so einfach ist es nicht. Bei allem Gewinnstreben – irgendwie möchte man mit seinem Geld doch keine »bösen Sachen« fördern oder unterstützen. Oder ist es einem völlig gleich? Hauptsache der wirtschaftliche Erfolg ist da? Das erfordert vielleicht doch von jedem Aktionär eine grundsätzliche Standortbestimmung.

Als ich jung war, habe ich mir wenig Gedanken zu dem Thema gemacht. Später, nach der Geburt meiner Söhne, überkamen mich doch gewisse Zweifel. Sollte ich wirklich weiter an der Börse in Unternehmen investieren, die meinen geliebten Kindern schaden? Nach gründlicher Überlegung habe ich dann 2002 meinen eigenen Ethik-Katalog erstellt. Seitdem investiere ich nicht in die folgenden Branchen: Rüstungsindustrie, Spiel-Casinos, Zigaretten und Drogen. Da mögen die Kurszuwächse, Geschäftsaussichten oder Bruttomargen noch so hoch sein, Aktiengesellschaften dieser Branchen stelle ich kein Geld zur Verfügung. Die Vorstellung, dass mein Sohn eines Tages erschossen wird und ich an der Gewehrkugel als Aktionär Geld verdiene, ist mir unerträglich.

Ich habe mir also selbst auferlegt, äußert profitable Branchen links liegen zu lassen. Als engagierter Value-Investor ist es mir trotzdem gelungen, erfolgreich Geld anzulegen – eben in anderen Branchen. Dieses Selbstvertrauen sollte man schon besitzen.

Je länger man sich mit dem Thema – »was machen eigentlich meine Aktienunternehmen?« – beschäftigt, umso diffiziler wird es. Hierzu zwei weitere Branchen:

- Wie stehe ich zum Alkoholgeschäft? Da gibt es eine Reihe sehr schöner Aktien: Heineken Bier, Davide Campari (die ihren halben Umsatz mit Wein machen) und Brown-Foreman an der Börse in New York mit ihrem berühmten Jack Daniels Whiskey. Ein Glas Wein ist gesund, was ist aber mit hochprozentigem Alkohol?
- Profitable Aktieninvestments der vergangenen Jahre waren Hersteller von Computerspielen. Ganze Heerscharen von jungen Männern hängen täglich stundenlang am Computer sozusagen »im Häuserkampf um Bagdad« als virtuelle Scharfschützen. Die Softwareprogramme sind bewusst so verfasst, dass der Suchtnerv der Nutzer getroffen wird. Was ist davon zu halten?

Nach dem Branchenkatalog gilt es im nächsten Schritt, das Geschäftsmodell beziehungsweise das Verhalten der Manager ethisch einzuordnen. Hierzu werfen wir einen Blick in die abendliche Familienrunde. Die Nestlé-Aktie genießt einen guten Ruf als langfristige Anlage. Auf Facebook wird die Anzahl der Stimmen immer lauter, die den Aufkauf von Wasserquellen in den Entwicklungsländern und in den Vereinigten Staaten von Amerika kritisch beäugen. Nach dem Motto: »Nestlé gräbt den armen Menschen das Wasser ab, um es danach in teuren Flaschen zu verkaufen.« An der Börse sind solche Stimmungslagen durchaus ernst zu nehmen. Ich könnte mir vorstellen, dass ich mich in der nächsten Familien-Anlageausschuss-Sitzung mit meiner positiven Einschätzung der Nestlé-Aktien nicht mehr durchsetzen kann. So etwas könnte ja auch in Kalifornien in der großen Pensionskasseneinrichtung passieren. Das hätte dann schon Auswirkung auf den Kurs der Nestlé-Aktie.

Der Verlauf der Nike-Aktie ist eine tolle Erfolgsstory. Doch was wird das FIFA-Debakel im Fußballgeschäft noch alles an das Tageslicht bringen? In Brasilien liegen erste Anschuldigungen gegen Nike vor. Wäre es möglich, dass hier nicht nur die Verbandsspitze, sondern eine ganze Branche im Sumpf steckt? Was wäre dann mit Adidas?

Aus meiner Erfahrung kommt es bei dem Umgang mit Kapital durchaus auf eine eigene und klare Linie an. Ohne feste Prinzipien und Grundsätze wird der Geldanleger und Aktionär auf Dauer hin und her geschüttelt. Ihm wird die Ruhe und Gelassenheit fehlen, da er ohne inneren Halt und von außen gesteuert durch die Börsenwogen geschoben wird. Es lohnt sich von daher, zu seinen eigenen ethischen Eckpfeilern zu kommen. Man weiß, wo man hingehört und wo eben nicht. Das trägt zu einem fundamentalen Wohlgefühl bei.

Vorsichtig wäre ich immer dann, wenn bei Fonds, Banken oder Vermögensverwaltern die tolle »Ethik« als Marketinginstrument im Vordergrund der Investmententscheidung steht. Das gesunde kaufmännische Wirtschaften muss immer die Basis der Aktienanlage sein. Dies kann nicht durch eine noch so gut gemeinte soziale Einstellung kombiniert mit wirtschaftlichem Misserfolg kompensiert werden. Wer partout bestimmte Projekte oder Entwicklungen fördern möchte, an denen man kein Geld verdienen kann, der sollte das Geld dafür spenden.

Zum Abschluss noch eine kleine Geschichte, die meinem Geschäftsfreund kürzlich passiert ist. Er hat seinen seit Jahren überdurchschnittlich erfolgreichen Value-Fonds einer kirchlichen Organisation vorgestellt. Die Vermögensrenditen liegen dort seit Jahren schlecht. Wegen der geringen Kapitalerträge müssen Kindergärten geschlossen werden, die Organisation hat Probleme mit dem jährlichen Cashflow. Man war zunächst von dem Value-Fonds sehr angetan. Bis man im Anlageausschuss plötzlich stutzte. Der Value-Fonds meines Freundes hält im Portfolio seit Jahren die Reckitt Benckiser-Aktie (eine der besten und zuverlässigsten Aktien der letzten Jahre). Reckitt Benckiser verfügt über eine breite Palette von Konsum-Markenartikeln wie zum Beispiel Calgon, Finish, Woolite, Hofmanns Stärke, Veed, Kukident, Scholl und viele andere etablierte Marken. Unter anderem aber auch die Marke »Durex«. Da hieß es: »Aber die stellen doch Kondome her! – Nein, in so einen Aktienfonds können wir nicht investieren!« So viel zum Thema: Ethik über alles!

III.
Die Börse – Fundgrube der großen Chancen

Wenn es die Börse nicht gäbe, man müsste sie erfinden. Für den Kapitalanleger bietet sie die höchste Form der Freiheit. Für kluge Investoren sind die Möglichkeiten nahezu unbegrenzt. Weltweit können Sie sich nach Herzenslust an Unternehmen beteiligen. Ob Sie für kurze Zeit engagiert bleiben oder Ihr Aktiendepot vererben wollen, alles liegt nur in Ihrer Hand.

Sie müssen keine Verträge abschließen und sich auch nicht mit anderen Menschen »rumschlagen«. Selbst wenn Sie Ihr ganzes Leben auf den Kopf stellen und in einen anderen Kontinent ziehen, Ihre Aktieninvestments bleiben davon unberührt – wenn Sie das so wünschen.

1. Hinein ins Risiko – ein unvermeidlicher Schritt

Das Jahr 2016 hat die Aktionäre aufgeschreckt. Angst und Verunsicherung gehen um. Warum fallen Aktienkurse eigentlich und woran liegt es diesmal?

An allen wichtigen Börsenplätzen muss eine ganze Industrie von Reportern und Analysten täglich die Kursentwicklung der Aktien kommentieren. Für jedes Auf und Ab der Aktien wird versucht, eine Erklärung zu finden. Und immer sind Antworten da. Das ist schon erstaunlich. Aber nur so lassen sich die täglichen TV-Börsenformate füllen.

Hinter dem gewaltigen Börsengetöse wird meist übersehen, dass es sich bei den Aktienbörsen nicht um offizielle ökonomische Gradmesser oder volkswirtschaftliche Bewertungsanstalten handelt. Ganz im Gegenteil. Die Kurse kommen rein durch Angebot und Nachfrage zustande. Bei vielen Anlegern herrscht der Irrglaube, dass bei fallenden Kursen mehr Aktien verkauft werden, als gekauft werden. Das ist natürlich Unfug. Die Anzahl an Aktien, die an einem Tag an der Börse verkauft werden, ist identisch mit der Anzahl an Aktien, die gekauft werden. Sonst käme gar kein Kurs zustande. Das ist immer so, ganz gleich, ob an einem Tag die Kurse stark gefallen oder gestiegen sind. Auch in einem schlimmen Crash gibt es also jeden Tag genauso viele Investoren, die Aktien gekauft wie verkauft haben. Dennoch entsteht bei einem Börsensturz der Eindruck, dass die ganze Welt sich von den Aktien getrennt hat. Hier berühren wir zum Ersten einmal die psychologische Komponente der Börsenwirkung.

Ausschlaggebend für die tägliche Kursrichtung ist also, welche Seite bei einer Börsentransaktion es sozusagen »dringender« hat. Will der Käufer auf Teufel komm raus eine bestimmte Aktie in sein Depot aufnehmen oder hat es der Verkäufer eilig und ist bereit, zu tieferen Kursen auszusteigen. Und hier kommen wir zu dem Punkt, warum es für Aktienkurse viel leichter ist, zu fallen als zu steigen. Der Verkaufsdruck an der Börse entspringt den Gegebenheiten des normalen Lebens. Die Anleger brauchen aus den verschiedensten Gründen immer wieder Geld und müssen sich – gewollt oder ungewollt – von Aktien trennen: Rechnungen sind zu bezahlen, Steuern zu entrichten, Hochzeiten werden ausgerichtet, Todesfälle erzwingen eine Änderung in der Depotstruktur und vieles mehr. Diesen Verkaufsentscheidungen liegen überhaupt keinerlei Überlegungen zum aktuellen Wert einer Aktie zu Grunde. Die Liquidität wird benötigt. In diesem Szenario dominiert nicht die Psyche der Geldanleger, vielmehr die nackten Fakten des Alltags.

Damit haben wir den eigentlichen Treiber der Aktienkurse identifiziert, nämlich die Käufer von Aktien. Anders als die Verkaufsseite wurzeln Kaufentscheidungen nicht auf den realen Gegebenheiten des Lebens. Kein Mensch muss Aktien kaufen. Nein, die Käufer werden nur dann aktiv, wenn sie eine bewusste Investmententscheidung getroffen haben: ein fester Entschluss und eine sichere Einstellung zum Wert der Aktie und zur Aussicht auf eine positive Kursentwicklung. Diese Einschätzung hat ihre Verankerung in der Psyche des Geldanlegers. Das trifft sowohl für private wie institutionelle Investoren gleichermaßen zu. Auf der Kaufseite dreht sich alles darum, wie die Realität und die Zukunft subjektiv wahrgenommen werden.

Am Ende des Tages stehen sich nicht Rechenmodelle, sondern Menschen mit ihren Erwartungen, Ängsten und Wahrnehmungen gegenüber. Seit Jahrhunderten ist die Psyche der Börsenteilnehmer ein fragiles und leicht angreifbares Konstrukt. Doch was löst eine Richtungsänderung der Psyche an der Börse aus? Woher kommt der Anstoß, dass Nachrichten aus Politik und Wirtschaft manchmal so interpretiert werden, dass sie eine Umkehr der Kursrichtung bewirken können, ein anderes Mal seltsamerweise aber eben nicht?

Die Antwort auf diese Frage ist im Mechanismus des internationalen Börsensystems zu finden. Wie schon beschrieben, beziehen die meisten Broker – vor allem in den Vereinigten Staaten von Amerika und in Asien – kein festes Gehalt. Sie werden rein variabel entlohnt. Ihr Verdienst richtet sich nach den getätigten Umsätzen der Kunden. Eine riesige Industrie von Aktienhändlern, Maklern und Wertpapierberatern ist auf Gedeih und Verderben auf die Börsenumsätze angewiesen. Bei flauen Umsätzen verdienen sie fast nichts, bei großen Umsatzbewegungen verdienen sie unbegrenzt »nach oben«. Angst und Euphorie geben sich die Hand.

Das gesamte Börsensystem ist von daher auf den Faktor Umsatz aufgebaut. Hohe Kurse oder tiefe Kurse sind für das System hinnehmbar, aber in keinem Fall ein »Einschlafen« der Börsentransaktionen. Deshalb ist der permanente Fluss an Geschäftskommentaren und -nachrichten so wichtig. Es bedarf täglich der Anlässe, Geldanleger und Aktionäre zur Aktion zu bewegen.

Verliert beispielsweise eine Aufwärtsbewegung der Kurse an Momentum, lassen sich also immer weniger Anleger dazu bewegen, Aktien zu kaufen, dann muss etwas passieren. Früher oder später testet in diesem Fall die Börsen-Maschinerie, ob sich mit der entgegengesetzten Richtung, also mit fallenden Kursen, nicht mehr Umsätze generieren lassen. Die Schar der Geldanleger wird zum Spielball des Systems. Es müssen nun Argumente her, damit die Kursänderung auch an Fahrt aufnehmen kann. Ist das Votum für fallende Kurse hinter den Kulissen erst einmal gefallen, so werden Nachrichten entsprechend negativ interpretiert und lanciert.

Wer sein Geld an der Aktienbörse oder in Aktienfonds anlegt, sollte sich dieser Mechanismen bewusst sein. Die Psyche der Massen, gesteuert vom Börsensystem, ist die eigentliche Bedrohung der Kursstabilität.

Deshalb noch einmal: Ich empfehle allen Family Offices und Aktionären daher einmal im Jahr stets aufs Neue den ultimativen Lackmustest: Können Sie einen zeitweiligen Kursrückgang von 90 Prozent, auch Ihrer guten Aktien, nervlich und finanziell aushalten? Glauben Sie mir, das ist keine absurde Fragestellung. Geldanleger, die ruhig schlafen wollen, sollten mit einem klaren Ja antworten können.

2. Vorsicht vor den Gorillas – Pensionsfonds

Wer hat das große Geld an der Börse? Die vielgescholtenen Banken. Nein, es sind die Pensionskassen! Sie sind die heimlichen Drahtzieher und echten Börsen-Machthaber. Das wirft interessante Perspektiven für die Aktionäre auf.

Eine dynamische Weltwirtschaft geht Hand in Hand mit Unternehmenswachstum. Doch das heißt noch lange nicht, dass die Börsenkurse automatisch steigen. Börsenkurse steigen substanziell nur, wenn Investoren im Markt aktiv sind, die zum einen über viel liquides Kapital verfügen, und zum anderen auch bereit sind, laufend höhere Preise für Aktien zu zahlen. Nun aber kommt der springende Punkt: Sie müssen außerdem in der Lage sein, die Aktien lange im Bestand halten zu können. Alle drei Kriterien erfüllt eine Investorengruppe, die in Deutschland wenig bekannt ist: die großen, global tätigen Pensionskassen.

Die Zahlen sind atemberaubend. Die 300 größten Pensionseinrichtungen der Welt verfügten Ende 2014 über 15.400 Milliarden US-Dollar. Noch vor zehn Jahren, Ende 2004, waren es 8.400 Milliarden US-Dollar, laut einer Studie der Agentur Towers Watson. Von dieser gigantischen Summe sind heute etwa 40 Prozent in Aktien investiert. Wer sind diese Pensionsadressen? An der Spitze der Top-Pensionskassen steht beispielsweise der japanische Staatsfond mit 1.100 Milliarden US-Dollar, der norwegische Pensionsfond mit 880 Milliarden US-Dollar, die nationale Kasse von Südkorea mit 430 Milliarden US-Dollar, die Pensionskasse der öffentlichen Angestellten Kaliforniens mit 296 Milliarden US-Dollar, der New York City Retirement Fund mit 158 Milliarden US-Dollar und der dänische ATP Fund mit 122 Milliarden US-Dollar.

Die treibende Kraft hinter diesen enormen Kapitalien und ihren Zuwachsraten beruht auf zwei Faktoren: erstens, der stetig höheren Beschäftigungsquote in der Welt (auf einem steigenden Gehaltsniveau), zweitens, der hohen Aktienquote in der Anlagepolitik der Pensionskassen. Sie bescherte seit 2009 im Schnitt vier bis sieben Prozent Wertzuwachs pro Jahr.

Die nachhaltigen Auswirkungen für die Börsen sind nicht zu unterschätzen. Dazu müssen wir die Kapitalbewegungen bei den Pensionskassen ins Verhältnis zu der Marktkapitalisierung der börsennotierten Aktiengesellschaften setzen. Dazu zwei Beispiele:

1. **Die Dividendenflut:** *Nach meinen Berechnungen fließen den Pensionskassen jährlich etwa 120 Milliarden US-Dollar allein an Dividendenausschüttungen zu (zusätzlich steigt das Vermögen durch laufende Einzahlungen, vor allem in den Nationen mit junger Bevölkerungsstruktur). Diese 120 Milliarden US-Dollar müssen zum Großteil wieder neu angelegt werden. Jahr für Jahr aufs Neue.*

2. **Anlageentscheidungen:** *Entschließt sich die Hälfte der Pensionskassen beispielsweise eine Blue Chip Aktiengesellschaft mit einem Prozentpunkt ihres Pensionsvermögens zu gewichten, so flattern an der Börse insgesamt Kauforders über 77 Milliarden US-Dollar ein. Auf der anderen Seite steht im Verhältnis zu dieser »Geldlawine« die Marktkapitalisierung der Aktiengesellschaften auf einem zu tiefen Niveau, und das trotz der gestiegenen Aktienkurse der vergangenen Jahre. Einige Beispiele: Coca Cola wird mit 180 Milliarden US-Dollar bewertet, McDonalds mit 105 Milliarden US-Dollar, 3M mit 98 Milliarden US-Dollar, Starbucks mit 91 Milliarden US-Dollar.*

Vor allem Nischen-Marktführer erscheinen einem wie »Bewertungszwerge«: Das Auktionshaus Sothebys hat eine Marktkapitalisierung in Höhe von zwei Milliarden US-Dollar, die deutsche Linde AG 31 Milliarden US-Dollar, Beiersdorf 23 Milliarden US-Dollar, Fielmann fünf Milliarden US-Dollar. Die Liste lässt sich fortsetzen. Die Übermacht der Pensionsgelder ist evident.

Ohne Übertreibung und bei nüchterner Betrachtung können wir feststellen: Die kleinsten Anlageentscheidungen auf Seiten der Pensionskassen werden in Zukunft dramatische Auswirkungen an der Börse haben. Denn – wie eingangs erwähnt – die Pensionsvermögen haben sich in zehn Jahren verdoppelt.

Und die Zahl der erstklassigen Aktiengesellschaften? Die ist in diesem Zeitraum eher kleiner geworden, vor allem durch Fusionen und Firmenübernahmen. Geld vermehrt sich eben leichter als die

Anzahl bedeutender Unternehmen. Die Diskrepanz wird von Jahr zu Jahr größer.

Fazit: Gelder regieren die Welt. Und an der Börse heißt das schlicht und einfach: die Pensionskassen!

3. Langzeit-Irrtümer und Fehlbewertungen

Krasse Fehlbewertungen von Aktien sind eine Riesenchance. Die meisten Investoren erkennen die Gelegenheit nicht. Sie haben zu viel Respekt vor der Börse.

Die besten Börsengeschäfte ergeben sich durch Langzeit-Fehlbewertungen. Die meisten Privatanleger halten es überhaupt nicht für möglich, dass die ehrenwerte Finanzgemeinschaft an der Börse total falschliegen könnte – und zwar über richtig lange Zeit. Der Respekt vor der Börse ist unangebracht.

Die Börse ist keine objektive Bewertungsmaschine. Sie ist eher als ein Fieberthermometer zu sehen. Das Börsenparkett gibt die Stimmungslage zwischen Optimisten und Pessimisten wider. Die Verkaufsentschlossenen und Kaufwilligen machen aus dem Überhang von Angebot und Nachfrage die Kurse. Da bleibt die nüchterne Analyse der realen Verhältnisse eines börsennotierten Unternehmens oft auf der Strecke.

Auf der anderen Seite wagen es die institutionellen Investoren aus der Welt der Großfinanz kaum, sich mit einer radikal konträren Einschätzung einer Aktie öffentlich zu positionieren. Sie schwimmen am liebsten im »Mainstream« mit. Typischerweise schließen sich die Institutionellen dem Konsens der Meinungsbildung an. Auf Deutsch: Die meisten Analysten schreiben voneinander ab.

Es ist ja auch ganz einfach: Die Investmententscheidungen werden dort von Angestellten getroffen. Sie wollen ihre Karriere nicht gefährden. Warum sollen sie sich mit einer eigenwilligen Meinung aus dem Fenster legen und anderen auf die Füße treten? Es geht ja nicht um ihr eigenes Geld. Sie arbeiten mit anderer Leute Geld. Im Englischen wird diese Berufsspezies »OPMs« genannt: »Other People's Money«.

Diese Konstellation eröffnet große Anlagechancen, jedoch nur für Geldanleger, die bereit sind, unabhängig zu denken. Gleichzeitig funktioniert es nur, wenn sie ihre Vermögensanlage mit Bedacht angehen.

Ich habe mich immer gefreut, wenn ich viel Zeit hatte, in Ruhe gute Aktien einer Firma einzusammeln. Dort konnte ich mein Wissen um das Unternehmen ausweiten. Und zwar ohne Hetze. Ich hatte also Gelegenheit zu überprüfen, ob meine Analyse stimmt.

Wer mit wachem Verstand, offenen Augen und vor allem mit Distanz zur Börse investiert, wird immer wieder auf extreme Langzeit-Fehlbewertungen stoßen. Dazu vier schöne Beispiele:

Rheinmetall AG:
Die Aktie des Rüstungs- und Automobilzulieferer-Konzerns mit Sitz in Düsseldorf wurde jahrzehntelang quasi wie ein Konglomerat geführt. Viele hoch interessante Geschäftsbereiche, die in separaten Tochtergesellschaften geführt wurden, blieben den Aktionären mehr oder minder verborgen. Zumindest gab sich von der Firma keiner allzu große Mühe, den Schleier der Werthaltigkeit zu lüften. Warum eigentlich?

Das dominante Segment »Rüstung« wurde unter den Teppich gekehrt. Zum einen, weil es mit seinen Staatsaufträgen sowieso einen sensitiven Charakter hatte (und immer noch hat). Zum anderen, weil der damalige Großaktionär, ein adliger Familienclan, alles andere als stolz auf diese »Geldquelle« war. Die Vorstellung von Kriegselend zu profitieren, war ihm ein Graus. Je weniger Menschen davon wussten, umso besser. Vor allem in der häuslichen Nachbarschaft und im Kindergarten.

Im Endergebnis haben sowohl Vorstand als auch Aufsichtsrat an diesen Strukturen nichts geändert. Die Rheinmetall-Aktie hatte sich über viele Jahre als eine elf bis 15 Euro-Aktie etabliert. Das war eben so eingespielt. Als mein Geschäftsfreund Guy Wyser-Pratte aus New York im Jahre 2001 nach einer unterbewerteten deutschen Aktie suchte, war es mir ein Leichtes, ihm vorzurechnen, dass allein die Summe der Einzelteile des Konzerns einen Aktienwert in Höhe von 45 bis 55 Euro ergab. Und so ist es dann auch einige Jahre später gekommen.

IWKA und KUKA
Eine ähnliche Ausgangslage haben Wyser-Pratte und ich bei dem Mischkonzern IWKA in Karlsruhe im Jahr 2003 vorgefunden: ein Sammelsurium an Tochtergesellschaften, eine mittelmäßige Börsenhistorie und eine leidgeprüfte Aktionärsschaft, die alles andere als verwöhnt war.

Nach gründlicher Analyse war schnell klar, dass die eigentliche Perle im Konzern KUKA in Augsburg hieß. KUKA ist einer der führenden Roboterhersteller der Welt. Der Wert von KUKA mit seinen fantastischen Zukunftsaussichten ging im Gesamtgestrüpp völlig unter. Was auf der einen Seite mit einem Euro verdient wurde, ging auf den anderen Seiten mit Cents verloren. Nicht weiter verwunderlich: Die IWKA-Aktie war alles andere als ein »Darling« an der Börse, ein typischer Seitwärts-Kurskandidat um die zehn Euro.

Im Falle von IWKA fehlte ein starker Großaktionär. Das Management war sich de facto selbst überlassen. Die Kleinaktionäre hatten nichts zu sagen. Vorstand und Aufsichtsrat nahmen den Status quo, der über Jahrzehnte entstanden war, eben hin und verstanden sich als Verwalter des Gegebenen. Die unternehmerische Vision einer Werthebung fehlte. Sie existierte gar nicht in den Köpfen der Verantwortlichen.

Im Verlauf der nachfolgenden Jahre wurde IWKA auf KUKA umgemünzt und fokussiert. Das Ergebnis: Statt zehn Euro im Kurs, wird die Aktie in 2016 mit über 100 Euro bewertet. Auf diesem Kursniveau ist sie ein attraktiver Take-over-Kandidat.

Beiersdorf AG

Es braucht aber kein Mischkonzern zu sein, um jahrelang seitwärts im Kurs »einbetoniert« zu sein. Und es geht auch ohne einen aktiven New Yorker Investor vom Schlag eines Guy Wyser-Pratte, um die Fehlbewertung zu korrigieren.

Der Hersteller der Traditions-Pflegemarke Nivea und der Klebstoffmarke Tesa, die Beiersdorf AG in Hamburg, gehörte eine Zeit lang zu den langweiligsten und uninteressanten Aktien an der deutschen Börse. Man führe sich vor Augen: Vom Juni 2008 bis zum Februar 2012 bewegte sich die Beiersdorf-Aktie in einer Kursbandbreite zwischen 38 Euro und 45 Euro (abgesehen von einem punktuellen, Marktkrise getriebenen Ausreißer auf 31 Euro im April 2009, der schnell wieder aufgeholt wurde). Also fast vier Jahre lang!

Während dieser Jahre investierte die Beiersdorf AG jedoch kräftig in die Zukunft. Und jeder wusste, dass die Qualitätsmarke Nivea die größte Einzelpflegemarke der Welt war. Ein unschätzbarer Wert. Die Bonität der Aktie stand außer Frage. Großaktionärsinteressen und Unzufriedenheit mit dem Topmanagement waren Ursachen für diese fundamentale Fehleinschätzung einer der besten deutschen Aktien.

Mit der Ernennung eines neuen Vorstandsvorsitzenden, der nicht aus den eigenen Reihen kam, ging es auf einmal – wie durch ein Wunder – im Kurs bergan. Im Sommer 2016 stand die Beiersdorf-Aktie bei etwa 80 Euro. Und es würde mich gar nicht wundern, wenn wir eines Tages noch viel höhere Kursnotierungen zu sehen bekommen.

Als letztes Beispiel in meiner Aufzählung:

Die Microsoft-Aktie
Hier haben wir es mit einem noch extremeren Fall zu tun. Von Dezember 2001 bis zum April 2013 notierte die weltberühmte Microsoft-Aktie in einer Bandbreite von 21 US-Dollar bis 30 US-Dollar, auch hier abgesehen von dem punktuellen Paukenschlag in 2009 auf kurzzeitig 17 US-Dollar.

Geldanleger hatten also alle Zeit der Welt die Microsoft-Aktie quasi als Spardose zu benutzen; über ein Jahrzehnt lang! Zu keiner Zeit hatte Microsoft finanzielle oder wirtschaftliche Probleme. Ganz im Gegenteil. Die dominante Stellung der Firma stand nie zur Debatte.

Es ist zu vermuten, dass die enge Kursbandbreite durch systematische Abverkäufe von Seiten des Gründers, Bill Gates, verursacht war. Sein ganzes Milliardenvermögen steckte in den Aktien. Da er eine riesige gemeinnützige Stiftung aufbauen wollte, die mit Geld auszustatten war, ging dies nur durch den Verkauf von Microsoft Aktien. Dieses Manöver wurde professionell gehandhabt. Der Kurs fiel nie in die Tiefe. Aber nach oben hin war er eben »einzementiert«. Wie ein schwerer Eisenbalken lagen Verkaufsorders bei 30 US-Dollar im Markt.

Irgendwann ist auch einmal die längste Verkaufswelle zu Ende. Trotz der Konkurrenz von Apple und Google-Alphabet notieren Microsoftaktien – völlig zurecht – bei über 50 US-Dollar (Sommer 2016).

Im Fazit empfehle ich bei den täglichen Nachrichten von der Börsenfront nicht so sehr auf die Aktien mit Sex Appeal zu achten. Sicherlich, Lärm und Musik werden von den Aktien gemacht, die gerade besonders stark steigen oder fallen. Das Geld lässt sich aber leichter mit den Papieren verdienen, die einfach nur »vor sich hindümpeln«, die als Langweiler abgeschrieben sind, bei denen viele

Aktionäre schon entnervt jede Hoffnung auf Kursdynamik aufgegeben haben.

Hier lohnt es sich, genau hinzuschauen und zu ergründen, woran die Kursmisere eigentlich liegt. Wenn Sie dabei auf eine echte fundamentale Langzeit-Fehlbewertung stoßen, sollten Sie sich erst einmal ein Glas Rotwein oder eine gute Zigarre gönnen. Oder beides. Sie sind am Ziel angekommen. Bingo!

1. Vom Zauber der stillen Reserven und verborgenen Schätze

Nur wenige Investoren beschäftigen sich mit einem interessanten Spezialgebiet: der gezielten Suche nach verborgenen Schätzen an der Aktienbörse. Als passionierter Value-Investor bin ich immer wieder auf atemberaubende Unterbewertungen gestoßen. Vor allem in der Schweiz.

Eine alte Kaufmannsregel besagt: »Du sollst das Geld nicht im Lichte suchen.« Das gilt auch für die stillen Reserven und verborgenen Schätze, die man bei Aktien finden kann. Es handelt sich in diesem Segment um sogenannte »Nebenwerte«. Sie werden von den großen Finanzinstitutionen nicht wahrgenommen. Bankanalysten beschäftigen sich nicht mit ihnen. Die Namen dieser »Perlen« am Aktienmarkt sind in der Regel selbst erfahrenen Geldanlegern nicht bekannt.

Die Schweiz ist eine der Fundgruben für von der Außenwelt unbeachtete Substanzperlen. Dies ist einfach zu erklären. Es hängt damit zusammen, dass die Rechtsform der AG (Aktiengesellschaft) in der Schweiz weit verbreitet ist. Und das hat damit zu tun, dass die Eidgenossen von Währungsreformen und Kriegszerstörungen seit Jahrhunderten verschont geblieben sind.

Die Bevölkerung verfügt seit Langem über deutlich mehr Eigenkapital als die Nachbarländer. Die Urausstattung auch kleinerer Firmen mit Aktien-Eigenkapital befindet sich traditionell auf sehr hohem Niveau. Die Gesellschaftsordnung ist bürgerlich und agrarorientiert ausgerichtet. Die besitzenden Klassen sind von calvinistischem Gedankengut und wertbewahrend, konservativ geprägt.

Dieses Umfeld hat dazu geführt, dass bei den Aktiengesellschaften im Nebenwertebereich nur wenig Interesse an Veränderung und Öffnung nach außen vorhanden ist. Bei meinen Besuchen auf Generalversammlungen vor Ort habe ich festgestellt, dass selten über den Tellerrand geschaut wird. Ein Vergleich, wie ein ähnliches Unternehmen beispielsweise in England an der Börse bewertet wird, interessiert keinen der Schweizer Altaktionäre. Überwiegend will man ja sowieso nicht verkaufen. Die Aktien sind bereits seit Generationen im Familienbesitz.

Das Bewusstsein um die große, verborgene Substanz der Firma ist durchaus vorhanden. Man freut sich eher darüber, dass dies an der Börse nicht bekannt ist. Das eigentliche Interesse liegt an der jährlichen Dividendenausschüttung und ihrer verlässlich pünktlichen Auszahlung. Mit diesem Cashflow wird kalkuliert, nicht aber mit Kurssteigerungen. Das Denken der Schweizer Altaktionäre ist an den realen Sachwerten ausgerichtet, nicht an der Entwicklung der nominalen Geldziffern in ihren Aktiendepots. Es ist ein anderer lebensphilosophischer Ansatz.

Wir haben es also hier mit dem genauen Gegenteil zu der transaktionsgetriebenen Finanzindustrie angelsächsischer Prägung zu tun. Für einen distanziert recherchierenden Investor, zudem aus dem Ausland kommend, bietet dieser Schweizer »Aktien-Biotop« enorme Chancen. Einige Kursnotierungen sind traditionell meilenweit von dem wahren Substanzwert entfernt.

In meinen frühen Jahren hat mir gerade dieses Gebiet meiner Research-Arbeit viel Freude gemacht. Nach intensiver Recherche und Branchenanalyse, zu Hause im Kontor, hieß es, sich auf die Socken zu machen. Typischerweise sitzen diese Firmen und Fabriken nicht in den Metropolen des Landes. Die Anreisen per Zug oder Automobil – damals ohne Handy– hatten stets den Charakter eines kleinen Abenteuers. Sie waren meist beschwerlich und einsam.

Für die vielen Stunden im Bummelzug mit etlichen Umsteigestationen wurde man mit idyllischen Landschaftsbildern belohnt. Per Automobil ohne Navigationssystem und einem Stapel von Landkarten auf dem Beifahrersitz ging es meist über sich windende Landstraßen dahin. Die Landschaften waren herrlich. Viel Geduld war mitzubringen. Oftmals hatte ich das Gefühl am Ende der Welt anzukommen, wenn der Weg mich in immer tiefere Bergtäler führte. Die Gewissheit weit und breit der einzige Investor zu sein, der seit Jahren zu Besuch kam, gab mir ein prickelndes Gefühl.

Natürlich gibt es auch in anderen Ländern Substanzperlen an der Börse, die nicht richtig erkannt werden. Frankreich ist interessant. Dort untersuche ich zurzeit eine Aktiengesellschaft, die mit weniger als 80 Millionen Euro an der Börse bewertet ist, aber ein Geschäftsvolumen in Milliardengröße abwickelt. Zudem ist die Firma seit Jahrzehnten ein konstanter Dividendenzahler.

Mein alter Geschäftsfreund Guy Wyser-Pratte hat einen seiner größten Börsenerfolge in Frankreich erzielt. Als er ein Aktienpaket der ehrwürdigen Champagne-Dynastie Taittinger im Jahr 1997 zusammenkaufte, gewährte man ihm Zugang zu den Kellergewölben, tief im Erdreich. Auf den ersten Blick wurde ihm klar, dass allein der Wert der Altbestände an Champagne-Vorrat guter Jahrgänge den Wert der gesamten Börsennotiz bei Weitem überstieg. Er kam sich vor wie im Schlafaffenland. Die Taittinger-Sippe hatte eben nie eine Veranlassung gesehen, über ihre Schätze im Kellerverlies in der Öffentlichkeit zu sprechen. Nicht weiter verwunderlich, konnte Wyser-Pratte im Jahr 2001 einen seiner großen Börsengewinne einfahren.

Manchmal ist es erforderlich, solche Aktien, wie Briefmarken, behutsam und mit viel Geduld am Markt einzusammeln. Anders geht es in solchen Fällen nicht. Die Gewissheit weit unter Wert einzukaufen, gibt dem langfristig orientierten Geldanleger ein beruhigendes Gefühl. Sein Kapital fließt in den richtigen Hafen.

So konnte ein anderer Geschäftsfreund Aktien einer bedeutenden Finanzinstitution als Paket über die Jahre zusammenschnüren und zwar zum Kurs-Gewinn-Verhältnis von ZWEI (!). Ich stand damals seiner Holding als Non-Executive Chairman vor und konnte das ganze Manöver mit Genuss verfolgen.

Warum eignet sich aber nun aus meiner Sicht die Schweiz ganz besonders für die Suche nach Substanzperlen? Die Antwort liegt im klein gedruckten Teil, weit hinten und gut verborgen, in den Schweizer Geschäftsberichten der Aktiengesellschaften. Mittlerweile brauche ich öfter eine Lupe, um die Zahl zu finden, die mir den Schlüssel zum »Sesam, öffne dich« liefert. Es ist der Brandversicherungswert, den die Schweizer Unternehmen in ihren Geschäftsberichten angeben. Das ist in den anderen Ländern nicht Pflicht und auch nicht die Usance.

Der Brandversicherungswert gibt mir den Hinweis auf den realen Zeitwert der Fabrik- und Bürogebäude sowie des Maschinenparks. Diese Realwerte vergleiche ich dann mit den Buchwerten in der Bilanz (die in der Schweiz traditionell radikal tief angesetzt und abgeschrieben werden) sowie mit der gesamten Marktkapitalisierung des Unternehmens an der Börse. Und da kommt oft Erstaunliches zu Tage. Je nach Branche und Sachlage muss man entsprechende Abschläge auf die Versicherungswerte ansetzen. Man darf sie also nicht eins zu eins »blind« übernehmen.

Die Brandversicherungswerte sind für den ultrakonservativen Value-Investor wie die Leuchttürme in der Dunkelheit. Sie weisen den Weg zur stillen Reserve und den verborgenen Schätzen. Ich möchte Ihnen dazu exemplarisch zwei Beispiele aus meinem »Schweizer Tagebuch « geben.

Zwischen 1997 und 2003 habe ich mich intensiv mit dem Hersteller von Präzisionswerkzeugen Usines Metallurgiques des Vallorbe SA beschäftigt. Abseits von Genf, weit abgelegen von den Hauptrouten in einem Bergdorf, exportiert dieses mittelständische Unternehmen seit mehr als 100 Jahren vor allem Präzisionsfeilen in die ganze Welt. Der Kurs stand damals bei etwa 6.000 Schweizer Franken pro Aktie. Den Substanzwert konnte man anhand des Versicherungswertes in Höhe von fast 32.000 Schweizer Franken pro Aktie erahnen. In der Bilanz, ob Sie es glauben oder nicht, war der gesamte Maschinenpark der Fabrik samt Büroausstattung mit zwei Franken angesetzt: ein Franken für die Maschinen und ein Franken für die Büroausstattung. Bei meinem Besuch vor Ort im Jahr 2001 konnte ich mich zudem von der sparsamen Ausgabenpolitik des Managements überzeugen. Das ist jedoch ein abendfüllendes Thema.

In den Jahren 2005 und 2006 besuchte ich die Generalversammlungen sowie das Management der Zuckerfabriken Aarberg und Frauenfeld AG auf mehreren Reisen vor Ort in Frauenfeld, Aarberg und Bern. Das fusionierte Unternehmen hat quasi das Monopol zur Zuckerherstellung in der Schweiz und nennt sich heute Schweizer Zucker.

Der Kurs der Aktie stand damals auf etwa 16 Schweizer Franken. Allein der Netto-Cash-Anteil pro Aktie belief sich auf etwa 13 Franken und der Buchwert, nach massiven Abschreibungen, lag bei 47 Franken pro Aktie. Die Marktkapitalisierung des gesamten Unternehmens machte gerade mal 27 Millionen Franken aus, bei einem Umsatz von 280 Millionen Franken. Das Eigenkapital notierte zu 80 Millionen. Der Versicherungs-Gesamtwert der AG – und jetzt kommt es – wurde mit 740 Millionen Franken ausgewiesen. Ich möchte es ausdrücklich noch einmal wiederholen: Die Marktkapitalisierung demgegenüber lag bei 27 Millionen Franken!

Allen diesen Werten ist eines gemeinsam: Der Weg zur Hebung dieser enormen Werte, die ja dem Aktionär zustehen, ist meistens unklar und ungewiss. Manchmal braucht es zehn oder 20 Jahre bis Bewegung in die Sache zugunsten der Aktionäre kommt. Und nicht immer gelingt es den Aktionären, im Ziel anzukommen. Das nennen die Amerikaner an der Wall Street eine »Value Trap«, also eine Falle, in der die Value-Investoren lange feststecken können.

Wenn ich allerdings als ultrakonservativer und vorsichtiger Investor unterwegs bin, hat das Einkaufen von Aktien zu einem Bruchteil vom wahren Wert schon seinen Charme. Während der Jahre des großen Finanzcrash samt Lehmann-Pleite 2008 und 2009 haben die Aktionäre von Schweizer Nebenwerten ruhig geschlafen. Ihre Depots haben in der Zeit des Schreckens kaum an Wert eingebüßt.

Es ist meist die singuläre Stellung innerhalb einer schmalen Branche, samt der angesammelten Substanz in einem unternehmerfreundlichen Umfeld, die diese Aktiengesellschaften schützt. So kenne ich eine schwäbische Unternehmerfamilie, die systematisch in Schweizer Bergbahnaktien investiert. Mir persönlich ist der Aspekt der Unkalkulierbarkeit des Wetters ein Dorn im Auge. Ich muss aber zugestehen, dass beispielsweise das Matterhorn sicher seine Attraktivität bei Millionen von chinesischen und indischen Touristen in den nächsten 50 Jahren nicht verlieren wird. Mit einer Monopolstellung an einem solchen Ort kann ich sicher meine Aktien mit ruhiger Hand vererben.

Ob es nun Werkzeughersteller sind oder Bergbahnen, die *Neue Züricher Zeitung*, der Dynamitspezialist Ste. Suisse des Explosifs in Brig, die anthroposophisch geführte Kosmetik- und Pharma Aktiengesellschaft Weleda in Arlesheim oder das Kaufhausunternehmen Loeb AG in Bern, vielleicht lohnt sich ja doch ein Blick hinter die Kulissen beziehungsweise in die Bücher.

Der Aktienhandel kann meist über die Berner Börse oder den OTC-Handel der Berner Kantonalbank abgewickelt werden. Bevor Sie loslegen, denken Sie bitte immer an die Gefahr der »Value Trap«. Es wäre mir nicht recht, wenn Sie mit Ihrem Kapital stecken blieben. Dem Zauber der verborgenen Schätze und stillen Reserven ist schon so mancher Investor erlegen.

5. Herrlich: Endlich ein Skandal

Firmen-Skandale an der Börse sind wie Gewitterwolken. In der Finanzbranche bricht Pessimismus aus. Ein idealer Nährboden für gute Börsen-Investments?

In meinen ME Fonds arbeite ich überwiegend mit langem Zeithorizont. Ich spekuliere nicht auf Firmenübernahmen. Wenn es irgend geht, bleibe ich meinen guten Aktien treu. Am liebsten ist es mir, wenn ich sie ein Leben lang halten kann. Das sind drei Viertel des ganzen Erfolgsgeheimnisses.

Wenn ich Aktien auf Dauer im Portfolio behalten will, dann muss das Management in den jeweiligen Firmen konstant verlässlich arbeiten. Die Erfahrung lehrt, dass dies über lange Zeiträume nicht der Fall ist. Auch bei den allerbesten Unternehmen kommt es zu »Kanoneneinschlägen«. Fast hätte ich gesagt: regelmäßig.

Vielleicht kennen Sie es auch? Es ist gar kein schönes Gefühl: Typischerweise, wenn man in Ferien ist oder sich auf einer Fernreise in einer anderen Zeitzone befindet, gerade dann, wenn man es gar nicht gebrauchen kann, schlägt aus heiterem Himmel der Blitz ein. Der Anlageberater bittet um dringenden Rückruf. Eine schlechte Meldung bei einer der guten Aktien im Depot. Der Kurs ist eingebrochen. Angst und Schrecken breiten sich aus. Das Frühstück auf der Terrasse in Kapstadt will einem auf einmal gar nicht schmecken.

Im Verlauf der vergangenen Jahrzehnte an der Börse habe ich in dieser Hinsicht fast alles erlebt. Es geht quer durch die Branchen und über alle Kontinente. Es trifft, verschuldet oder unverschuldet, große wie kleine Aktiengesellschaften: ein Suppennudel-Skandal, eine Gewürzvergiftung, in Indien fliegt eine ganze Fabrikanlage in die Luft, eine Rohstoff-Konzession wird über Nacht entzogen (obwohl es sich um ein politisch sicheres Land handelt), ein Großaktionär geht bankrott, eine unsinnige Fusion wird angekündigt, Kunden werden arglistig getäuscht, eine Sonderuntersuchung deckt auf, dass die Zahlen in der Bilanz seit Jahren nicht stimmen. Die Liste der Horrormeldungen aus dem realen Börsenleben ist lang.

Wie geht der kluge Investor mit diesem Phänomen am besten um? Neben seinem Aktiendepot sollte er parallel eine »Sonderkasse« halten. Ich nenne sie meine »Skandalkasse«. An diese Liquiditätsreserve wird nur dann gegangen, wenn ein faustdicker Skandal an der Börse daherkommt. Ich warte das Jahr über geduldig ab. Ich kann Ihnen versichern, es ist kaum ein Jahr vergangen, in dem es nicht mindestens zu einem oder zwei interessanten Fällen gekommen ist.

Ganz gleich, ob ich nun die Aktie besitze oder nicht, mit meiner »Sonderkasse« habe ich immer Cash, um mich konkret mit der »Skandal-Sondersituation« als Investor zu beschäftigen. Und darum geht es ja. Nicht sich darüber aufzuregen, wie das alles überhaupt passieren konnte oder sich aus lauter Furcht, Sand in die Augen streuen zu lassen. Nicht sich von der allgemeinen Panik anstecken zu lassen, sondern sprungbereit mit Geld in der Hand zu entscheiden, ob ich als Käufer in die angeschlagene Aktie einsteige oder nicht.

So ein Skandal kann eine großartige Kaufgelegenheit für nervenstarke Investoren sein. Am allerliebsten sind mir Buchhaltungsskandale. Natürlich nicht, wenn der Auslandsprokurist mit der Kasse in Nigeria durchbrennt. Nein, aber immer dann, wenn gar kein Cash abhandengekommen ist. Dann heißt es: aufgepasst und genau hinschauen. Auf solche Fälle warte ich mit Engelsgeduld, wie ein Krokodil im seichten Wasser.

Meist handelt es sich um ein Wirrwarr der ausgewiesenen Ertragszahlen in der Gewinn- und Verlustrechnung oder um eine Aufblähung der Werte auf der Aktivseite der Bilanz. Forderungen werden zu früh als Ertrag verbucht. Anzahlungen für Geschäfte, die erst in einer weiten Zukunft liegen, werden ergebniswirksam vorgezogen. Alles meistens aus Dummheit oder aus dem falschen Bemühen, die Firma kurzfristig besser aussehen zu lassen.

Dann muss alles zeitgewichtet neu geordnet werden. Ergebnisse werden rückwirkend adjustiert. Eine Riesenaufregung. Ein Skandal eben. Das Vertrauen in den Laden ist erschüttert. Das habe ich beispielsweise an der Wall Street vor langer Zeit bei den beiden führenden Aktien der Bestattungsbranche erlebt. An der Züricher Börse gab es bei dem renommierten Asienhandelshaus DKSH einen Disput unter den Experten wegen Goodwill-Zuschreibungen in der Bilanz.

Ich liebe all diese Buchhaltungs-Skandalfälle. Aber immer nur dann, wenn ihnen eines gemeinsam ist: Das eigentliche Geschäft der Firma geht unberührt weiter. Die Verkaufspreise der Produkte bleiben wie sie sind. Die Kunden sind von dem Ganzen nicht tangiert. Es handelt sich de facto um einen handfesten Krach hinter den Kulissen zwischen den Wirtschaftsprüfern, dem Management, den Aktionären und der Finanzszene. Ein Sturm im Wasserglas.

Für die Medien ist so etwas immer ein wahres Laubhüttenfest. In den Ethikkommissionen der institutionellen Großanleger wird die Skandalaktie zum Verkauf gestellt. Auf dem Weg nach unten nimmt der Kurseinbruch an der Börse mit jeder Ticker-Meldung an Fahrt zu. Seit Langem im Markt liegende »Stop-Loss-Verkaufsorders« werden gerissen und drücken den Kurs weiter nach unten. Bei großen Unternehmen heizen Baisse-Spekulanten zusätzlich mit Leerverkäufen die Talfahrt an.

Auf der anderen Seite sind die großen Käufer erst einmal blockiert. Sie treffen wichtige Investment-Entscheidungen in der Regel in Teams. Diese müssen erst einmal zusammengetrommelt werden. Es wird hin und her debattiert. Die Ansichten sind geteilt. Hat man die Aktie bereits im Depot, dann steht die Suche nach den Schuldigen im Investment-Komitee im Vordergrund des Interesses. »Wieso haben wir diese Mist-Aktie überhaupt im Portfolio?«, heißt es dann. Keiner wagt es, sich spekulativ mit Zukunftsprognosen aus dem Fenster zu lehnen.

Das ist die Chance für den unabhängigen Investor, der auf liquiden Mitteln, seiner »Sonderkasse«, sitzt. Er kann eruieren, ob es sich bei dem plötzlichen Ereignis um eine langfristige Super-Investment-Chance handelt. Die Kunst liegt darin, mit innerer Distanz abzuwägen: Handelt es sich um eine Delle in der Reputation an der Börse oder um einen irreparablen Einschlag in das Geschäftsmodell des Unternehmens?

Das ist oft schwer zu entscheiden und im Zweifelsfall zahlt es sich aus, sein Pulver trocken zu halten. Lieber eine verpasste Chance an der Börse, als in eine Vollpleite zu geraten. Schon so manches Unternehmen ist untergegangen. Meistens gab es genügend Zeit auszusteigen – zwar mit Verlust, aber ohne Totalverlust des Investments. In diesen Fällen sprang mit dem ersten Skandal die Ampel für den Investor auf Gelb. Das habe ich selber schmerzhaft bei dem Zusammenbruch der Babcock Borsig Gruppe und ihrem »aktionärsfreundlichen« Management miterleben dürfen.

Deshalb möchte ich Ihnen noch einmal aufgebauschte Buchhaltungs-Verfehlungen als Investment-Chance nahelegen, vor allem, wenn jene auf der ersten Seite in den Schlagzeilen ausgeschlachtet werden. Wie sagen die Börsianer an der Wall Street: »The bigger, the better.«

6. »Besondere Gelegenheiten« besser doppelt prüfen

Den »besonderen Gelegenheiten« an der Aktienbörse sollten Sie mit Skepsis begegnen. Leichtgläubigkeit hat mich schon viel gekostet.

Die Aktienbörse ist ein schlüpfriges Parkett. Am besten man verlässt sich auf seinen eigenen Research. Entscheidend für gute Investmententscheidungen ist der Abstand. Ohne Emotion sollten Sie möglichst nüchtern Branchen und Aktienunternehmen analysieren. Ihre psychische und seelische Ausgeglichenheit ist dabei ein wertvolles Fundament.

Das private Studium der Marktgegebenheiten und die persönliche Einschätzung der Börsenaussichten im stillen Kämmerlein ist nicht besonders aufregend. Es bietet Ihnen aber relativ viel Sicherheit bei Ihren Entscheidungen, da Sie es nur mit sich selbst, Ihrem Verstand und Ihrem Bauchgefühl zu tun haben. Den meisten Investoren ist dies jedoch nicht genug; vielleicht ist es ihnen auch nur zu eintönig.

Klassischerweise sind Anleger lieber auf der Jagd nach Insiderinformationen und Anlagetipps. Sie suchen die Nähe von Investoren, die »dicht dran« sind. Hoch im Kurs stehen Aktionäre, die »das Gras wachsen hören« oder Insider, die Zugang haben zu denjenigen, die Bescheid wissen, wie es gerade hinter den Kulissen zugeht. Wenn diese Kreise dann mit »besonderen Okkasionen«, mit Spezialsituationen daherkommen, schlägt das Herz des Geldanlegers höher.

Die Entschlussfreudigkeit steigt auf einmal ganz enorm. Der Möchtegern-Börsianer zaudert nicht länger. Er kann es kaum erwarten, dass die Börse am nächsten Morgen öffnet und er endlich seine Kauforder platzieren kann. Der Zug könnte ja ohne ihn abfahren. Die Angst, bei dem Gewinnsegen nicht dabei zu sein, ist eine Verlockung, der kaum einer widerstehen kann. Man hat ja einen vermeintlichen Informationsvorsprung!

Ich habe in jungen Jahren viel Zeit und Energie in den Aufbau solcher Netzwerke gesteckt. Vor allem, wenn es darum ging, an einer ausländischen Börse Fuß zu fassen. In der Regel habe ich ein bis zwei Jahre gebraucht, bis die Informationsmaschinerie gut lief. Dann wurden mir in der Tat immer bessere Kaufgelegenheiten auf Grund von »Sondersituationen« aus Aktionärskreisen zugetragen.

Typischerweise hat es sich finanziell am Anfang gelohnt. Alles ging in die richtige Richtung. Ich konnte zu attraktiven Kursen, zusammen mit anderen »Profis« schöne Aktienpakete im Depot aufbauen. Man fühlte sich wie in einem feinen Privatclub von Gleichgesinnten. Ich muss in diesen Situationen an den Satz des Reichskanzlers von Bülow denken: »Man kann die Zukunft gar nicht pomadig genug sehen.« Ja, so kam es einem vor.

Mit viel Überzeugung und Enthusiasmus war man als aktiver Aktionär unterwegs: endlich nicht mehr abhängig sein von den Börsenindices. Man hatte auch nichts mehr damit zu tun, ob die großkapitalisierten Blue Chips an den Weltbörsen rauf oder runter gingen. Das waren ja nur bedauernswert langweilige Geldanlagen! Nein, nun saß man am Kochtopf und rührte seine eigene Börsensauce an. Ein schönes Gefühl.

Doch die so verheißungsvoll gestarteten Börsendeals sind am Ende meist schlecht für mich ausgegangen. Mein Fazit ist ernüchternd. Die ach so gepriesenen Hintergrund-Informationen entpuppten sich mehr als einmal als komplett falsch. Manchmal hat es mehrere Jahre gedauert, bis die ganze Wahrheit ans Tageslicht kam. Doch dann war es für mich mit meiner Aktienposition zu spät. Die Kurse waren längst in den Keller gerutscht.

Aufgrund meiner schmerzvollen Erfahrung bin ich besonders hellhörig geworden, wenn die Ausgangslage mit einer vermeintlichen Notsituation zu tun hat. Es ist für einen Kaufinteressierten an der Börse verlockend, wenn die Verkäufer sich in einer Zwangslage befinden. Diese Konstellation hat von jeher eine magnetische Wirkung auf Investoren.

Wie so ein Fall in natura ablaufen kann, möchte ich Ihnen anhand eines konkreten Beispiels aus Skandinavien aufzeigen.

Ich weiß noch, wie es mit einem Engagement im Jahr 2010 losging. Mit flüsternder Stimme teilte mir mein Gewährsmann am Telefon mit, ich müsse jetzt unbedingt zu einer wichtigen Sitzung nach Stockholm kommen. Die großen Aktionäre, Vater und Sohn, einer kleineren börsengelisteten Firma, befänden sich in einer privaten Schieflage. Sie hätten sich bei einem anderen Engagement verspekuliert, die Banken gäben keine Kredite mehr und nun bliebe ihnen nichts anderes übrig, als die Aktien auf den Markt zu schmeißen.

Der Aktienkurs war schon tief gesunken. Nun wussten wir also warum. Unser Kalkül war einfach: Wenn wir den »Bedauernswerten« die Aktien en bloc abkaufen würden, wäre der Druck auf den Aktienkurs weg. Die Aktie würde sich wieder erholen.

In der Sitzung in einem engen und schmucklosen Büro vor den Toren Stockholms saßen nun die beiden großen Aktionäre, leicht bedrückt und mit hängenden Schultern. Voller Genugtuung handelten wir den Transfer aus. Zum tiefen Kurs wechselten die Aktienpakete den Besitzer.

Ich weiß noch wie heute, dass ich an sich an der Firma kein Interesse hatte. Die Aktivitäten lagen hoch im Norden und erschienen mir riskant. Ein Jahr zuvor hatte meine Recherche klar ergeben: Das gefällt mir nicht. Ich hatte ein ganz klares Bauchgefühl, das mir sagte, die Hände von den Aktien zu lassen.

Doch nun hatten wir diese »wunderbare«, ganz besondere Gelegenheit. Denen ging es schlecht, während meine Freunde und ich gut beieinander waren. Mit unseren gefüllten Portemonnaies konnten wir die Bedingungen diktieren. Da war auch meine Vorsicht dahin. Wir mussten schnell zuschlagen. Der Deal sah nach einem attraktiven Schnäppchen aus. Soweit so gut. Der Börsenkurs erholte sich.

Doch nach zwei Jahren geschah das Unerwartete. Konzessionsverlängerungen mit einer wichtigen Regierungsstelle standen an. Aus heiterem Himmel und zum Entsetzen aller Beteiligten wurde die äußerst wichtige Konzession nicht verlängert. Keiner hatte eine solche Möglichkeit in Erwägung gezogen. Der Konzessionsentzug bedeutete de facto das Ende des Geschäftsbetriebs: ein vernichtender Schlag für die kleine Aktiengesellschaft. Der Aktienkurs brach komplett zusammen.

Es fiel uns wie Schuppen von den Augen. Je mehr wir uns mit der Misere beschäftigten, so wurde uns eines immer klarer: Die damals »zerknirschten« Verkäufer hatten mehr gewusst und von langer Hand einen gut inszenierten Ausstieg hingelegt. Die müssen sich ja ins Fäustchen gelacht haben.

Diese langjährige Erfahrung hat mich vorsichtig werden lassen. Ich rate Ihnen generell bei Notsituationen anderer Investoren kritisch hinzuschauen. Vor allem, wenn es sich um angebliche Zwangsverkäufe aufgrund von Scheidungen, privater Überschuldung oder Nervenzusammenbrüchen handelt, würde ich nicht gleich den Köder schlucken.

Für mich steht fest: »Besondere Gelegenheiten« bedürfen einer »besonderen Prüfung«. Lassen Sie sich nicht von Ihrer Geldgier die Sinne vernebeln. Das ist nicht ganz einfach. Eine Empfehlung von mir: Ein probates Mittel ist mit anderen Investoren oder mit Familienmitgliedern über Ihren »Super-Deal« zu sprechen. Allein schaffen Sie es oft nicht, aus der emotionalen Befangenheit und Verliebtheit in die guten Kursaussichten herauszukommen.

Und auch anschließend bitte nicht vergessen: Besser doppelt prüfen.

7. Der klassische IPO-Effekt

Es ist typisch für die Börse, dass sich Verhaltensmuster der Anleger wiederholen. Das hängt mit den Mechanismen der Börse, den Geschäftsinteressen der verschiedenen Teilnehmer und der Psyche der Geldanleger zusammen.

Besonders deutlich wird dies bei Börseneinführungen neuer Aktien, den IPOs (Initial Public Offerings). In Zeiten der Zuversicht und im Umfeld steigender Kurse sind die meisten Geldanleger begierig darauf, an diesen teilzunehmen und ihr Geld dort zu investieren.

Es ist jedoch ein alter Hut – erfahrene Börsianer raten aus Vorsichtsgründen generell vom Kauf von Aktien in einem IPO ab. Denn: Für die involvierten PR-Agenturen, Rechtsanwälte und Investmentbanker ist ein IPO ein hoch lukratives Geschäft. Es geht um zu viel Geld. Es wird alles getan, um einen maximalen Kurs zu erzielen. Nach Möglichkeit wird die Zukunft in rosigen Farben ausgemalt. Viele Aktien werden im IPO nicht in langfristig, strategische Hände platziert, sondern landen in – nennen wir es einmal – »Zwischen-Parkstationen« des Finanzsystems. Diese Aktien tauchen in den Verkaufsorders schnell wieder auf.

Meine Strategie als Value-Investor ist ganz einfach: Ich nehme nie an einem IPO teil. Ich nehme die Aktie aber auf meinen Research-Radarschirm. Dann lasse ich mir Zeit und beschäftige mich intensiv mit dem Unternehmen. Nach sechs bis zwölf Monaten ist für mich die Quarantänezeit vorbei. Bis dahin sind die IPO-»Kursverzerrungen« meist ausgebügelt. Gelegentliche Ausnahmen zu dieser Börsenregel lassen mich kalt. Denn eine andere Börsenregel gilt ebenfalls: Kursverluste zu vermeiden ist wichtiger als theoretische Kursgewinne zu verpassen.

Zum Abschluss fällt mir ein Satz meines Sohnes Leonard ein: »Papa, da nehmen wir besser den nächsten Bus.« Und dann schaute er mir tief in die Augen. Recht hat er.

8. Schlechte Nachrichten für Teamplayer

Wir werden dazu erzogen, gute Teamplayer zu sein. Doch an der Börse ist das die falsche Haltung. Die großen Gewinne macht man allein.

Glauben Sie mir, ich habe es immer wieder erlebt. An der Aktienbörse lassen sich allen Unkenrufen zum Trotz große Kapitalgewinne erzielen. Den Weg dahin muss man allerdings allein gehen. Das hört sich leicht an. Aber es ist ein schwieriges Unterfangen, denn wir werden ja von allen Seiten zu guten Teamplayern erzogen.

Für den Erfolgskurs mit Ihrem Kapital brauchen Sie den richtigen Ausgangspunkt. Es ist ganz gleich, ob Sie Ihre Investment-Entscheidungen einsam auf der Alm entwickeln oder sich von sogenannten Profis beraten lassen. Irgendwann werden Sie nicht darumkommen, eindeutig Flagge zu zeigen. Sie müssen sich entscheiden und zwar rückhaltlos und glasklar: »Ja, in diese Aktie will ich jetzt investieren. Das ist ein guter Kaufkurs. Mit dieser Aktie habe ich vor, eine Position in meinem Depot auf- und auszubauen.«

Ab dann heißt es für Sie, Kurs zu halten. Mit Mut und Entschlossenheit sollten Sie zu Ihrem Investment stehen. Vor allem gehört ein gutes Bauchgefühl dazu. Das, was die Amerikaner »good feel« nennen. Wenn Ihnen diese Sicherheit gleich zu Anfang fehlt, sollten Sie besser die Finger von dem jeweiligen Aktienengagement lassen.

Das Fachchinesisch der Finanzleute ist verführerisch. Lassen Sie sich nicht von wortreichen Argumenten umstimmen, wenn Ihnen etwas schlicht und einfach nicht gefällt. Oft kann man sein schlechtes Gefühl bei der Sache nicht in Worte fassen. Oder man traut sich nicht, den Mund aufzumachen, da einem die eigenen Argumente als zu lapidar erscheinen. Denken Sie daran: Sie sind niemandem eine Erklärung schuldig. Es ist Ihr Erspartes. Sie tragen nachher das ganze Risiko.

Bei der Kaufentscheidung müssen die langfristigen Überlegungen eben einfach sitzen. Auf die kurzfristigen Börsenerschütterungen kommt es gar nicht an. Als Aktionär und Geldanleger muss man lernen zu ignorieren, was links und rechts um einen herum passiert. Auf die Meinung und das Gerede der anderen Investoren, Rücksicht zu nehmen, kann sehr teuer werden.

Vor vielen Jahren habe ich es im Vermögensbeirat einer reichen Familie mehrfach erlebt. Eine Rückversicherungsaktie notierte damals auf tiefen Kursen um die 28. Kein Börsenjournal interessierte sich für das Papier. Es gingen nur wenige Stücke an der Börse um. Die Geschäftsergebnisse waren nicht berauschend. Alles machte einen lahmen und leicht verschlafenen Eindruck. Von einer Investor Relations-Aktivität, die diesen Zustand an der Börse hätte ändern können, war weit und breit nichts zu spüren. Die Rückversicherungsgesellschaft nahm aber eine weltbedeutende Stellung innerhalb dieser sehr speziellen Branche ein. Mir war sonnenklar, dass wir es hier mit einer gewaltigen Unterbewertung zu tun hatten. Ein typisches Schattengewächs.

Fast ein Jahr lang sprach ich mich immer wieder in den Beiratssitzungen dafür aus, doch diese tiefen Kurse um die 28 zu Käufen zu nutzen. Mein Ansinnen wurde beharrlich abgelehnt. Die von mir – als einzigem – vorgerechnete Unterbewertung wurde verworfen. Das Argument lautete: »Wenn das so wäre, hätten das ja schon längst andere an der Börse erkannt.« Von einem Investment zu Kursen um 28 wurde dankend abgesehen. Ich konnte nur den Kopf schütteln.

Zwei Jahre später begannen vereinzelte Spekulanten das Papier systematisch aufzukaufen. Die Gerüchteküche begann zu kochen. »Es sei einem zu Ohren gekommen, dass der Investor Herr O. aus einer alten Industriefamilie in Westfalen als Käufer auftritt und in Köln würde jetzt auch das Büro von Herrn P. laufend kaufen.« Der Kurs der Aktie begann zu steigen.

Mit dieser vermeintlichen »Sicherheit« im Rücken, nicht mehr allein zu sein, entschloss sich der Beirat in »meine« Rückversicherungsaktie zu investieren. Nur mit einem nicht ganz unwesentlichen Unterschied: Zu Kursen von über 80 (!). Später wurde die Rückversicherungsgesellschaft von einem amerikanischen Konzern zu 125 aufgekauft. Tja, mein »Eintrittspreis« von bombastisch tiefen 28 war lange zu haben. Aber eben nur als man allein vor dem Ticket-Schalter stand!

Es lohnt sich einfach nicht, auf die anderen Gruppierungen oder Börsengurus zu warten. Entweder stimmt die Grundsatzüberlegung oder nicht. Wenn sie stimmt, dann ist es töricht, sich von anderen umstimmen zu lassen. Und wenn die Entscheidung sowieso falsch ist, nützen mir auch die anderen Trittbrettfahrer nichts.

Apropos Börsenguru: Es gibt ein schönes Erlebnis mit der gleichen Thematik. In dem von mir gegründeten Value-Fonds »ME Fonds – Special Values« hatten wir schon im Jahr 2003 damit begonnen, die Aktie des Weltmarktführers Wrigley zu kaufen. Sie wurde an der New Yorker Börse gehandelt. Eine wunderbare Aktie. Nach ein paar Jahren hatten wir unsere Wrigley-Aktienposition geduldig im Fonds zusammengekauft. Der Durchschnittseinstandspreis lag bei etwa 45 US-Dollar pro Aktie.

Auch in diesem Fall bewahrheitete sich meine »Den-Weg-alleingehen-Strategie«. Im April 2008 beschloss nämlich die Mars Familie, Schokolade und Kaugummi zu vereinen und in die Wrigley-Aktie zum Kurs von 80 US-Dollar zu investieren. Die restlichen Aktionäre wurden zu diesem Kurs abgefunden. Ich hatte knapp die Hälfte dafür gezahlt.

Dies sind keine Einzelfälle. Ich habe die besten Gelegenheiten an der Börse »allein auf weiter Flur« gefunden. Typisch sind jahrelange Seitwärtsbewegungen im Kurs einer Aktie. Die Kursnotiz ist als »Langweiler« verschrien. Die Masse der Anleger liefert dann eines Tages das nötige Kanonenfutter für das Kursfeuerwerk.

Für alle Geldanleger, die in der Provinz zu Hause sind, habe ich eine gute Nachricht. Es ist kein Vorteil, mitten in den großen Finanzmetropolen zu leben oder zu arbeiten. Ständig sind die Leute dort umgeben von Börsengerüchten. Im Restaurant trifft man auf »Experten« oder Kollegen, die einem ständig mit »heißen Börsentipps« kommen. Auch erfahrene Investoren lassen sich leicht von dem Magnetismus der Massenüberlegung und der Gruppendynamik anziehen.

Unabhängige Value-Investoren brauchen kein teures Büro in der Park Avenue von Manhattan. Ich rate deshalb auch davon ab, auf zu viele Kongresse oder Seminare zu gehen. Die Hoffnung, dort auf interessante Börsianer zu stoßen, ist unsinnig.

So traurig es auch ist. An der Börse müssen Sie sich entscheiden. Entweder verbringen Sie viel Zeit mit Ihren Bekannten und schwimmen gemeinsam im lauwarmen Badesee. Sie sind dann in der Rolle des guten Kumpels, der bei den Aktienengagements schön mitzieht.

Man wird Sie gern haben. Weinselig sitzen Sie dann auch bei den schiefgegangen Investments in deprimierter Runde zusammen im Kreis Ihrer »Freunde«. Aus meiner Sicht hat das lediglich einen Vorteil. Zu Hause können Sie Ihrer Ehefrau, Ihrem Mann oder Kindern berichten: »Die anderen hat es ja auch erwischt.« Nach dem Motto: »Geteiltes Leid ist halbes Leid.«

Wenn es um Ihren Vermögensaufbau geht, bringt Sie das aber nicht weiter. Vielleicht ist es auch deshalb nicht verwunderlich, dass nur relativ wenige Menschen wirklich reich werden. An den Stammtischen sitzen mehr Leute. Sie haben die Wahl.

9. Ideal: nur wenige Spieler in der Branche

Ob es an der Börse viele oder nur wenige Aktien aus einer bestimmten Branche gibt, ist eine wichtige Frage. Den meisten Investoren ist das gar nicht bewusst.

Wie wir ja wissen, werden an der Börse die Kurse nicht nach objektiven Bewertungskriterien gemacht. Es sind allein Angebot und Nachfrage, die die Börsenkurse bestimmen. Dabei übersehen fast alle Investoren einen kleinen, aber sehr wichtigen Aspekt.

Woran denken Sie zum Beispiel, wenn Sie in diesem Zusammenhang »Angebot und Nachfrage« hören? Nun sicher an die Marktteilnehmer, die auf der einen Seite Aktien kaufen und auf der anderen Seite Aktien verkaufen wollen.

Bei meiner Research-Arbeit auf der Suche nach aussichtsreichen Aktien, denke ich natürlich auch immer an Angebot und Nachfrage. Aber in einem anderen Zusammenhang. Ich konzentriere mich darauf, wie viel Angebot es gibt: Und zwar das Angebot an Kursnotizen aus einer Branche!

Mich interessiert, wie viele Unternehmen einer bestimmten Branche an den Börsen weltweit überhaupt notiert sind. Also, wie viele Anlage-Alternativen es in diesem Geschäftssektor gibt. Wenn nur wenige Unternehmen aus dem jeweiligen Business-Segment an der Börse zu haben sind, ist das für mich zunächst einmal ein Positivum. Meine Research-Ampel schaltet auf Grün.

Es macht nun einmal einen Unterschied, ob beispielsweise 50 Aktien oder nur vier Aktien eines Geschäftsfelds an den Weltbörsen zur Auswahl stehen. Je weniger Aktiengesellschaften notiert sind, umso mehr wird sich das Geld der institutionellen Großanleger und der Pensionskassen auf wenige Titel verteilen. Und das kann erheblichen Einfluss auf die Kursentwicklung haben. Vor allem langfristig.

Es gibt tatsächlich solche interessanten Konstellationen. Dazu zwei Beispiele: Zum Ersten: Wie viele Premium-Schokoladenhersteller sind an den Börsen der Welt notiert? Sie werden staunen: eine einzige Firma. Die Lindt & Sprüngli AG an der Züricher Börse. Wer also über Geldanlagen zu entscheiden hat, von Neu Seeland bis nach Vancouver, und an der Börse in das Segment Premium-Schokolade investieren möchte, kommt am Ende des Tages nicht an der Lindt & Sprüngli-Aktie vorbei.

Zum zweiten: Wie viele Börsenunternehmen sind ganz auf die Wachstumsbranche »Fahrstühle und Rolltreppen« fokussiert? Gerade einmal zwei Unternehmen: KONE aus Finnland und SCHINDLER aus der Schweiz (die drei weiteren Konkurrenten Thyssen, Otis und Mitsubishi sind Teile von Mischkonzernen). Wer als Aktionär vom Trend hin zu Hochgeschwindigkeitsaufzügen und von lukrativen Fahrstuhl-Wartungsverträgen profitieren will, landet mit seinem Börsenkaufauftrag bei KONE oder SCHINDLER.

Natürlich eignen sich nicht alle Unternehmen, von denen es nur wenige an der Börse gibt, automatisch zur Geldanlage. Im Lauf der Jahre hat mir aber mein Research-Ansatz »Wer-ist-nur-selten-an-der-Börse-zu-haben?« geholfen. Es wundert mich keineswegs, dass ich dieser Analyse-Methodik manch schönen Wertzuwachs in meinem Depot zu verdanken habe.

10. Zwei Aktiengattungen: mit und ohne Stimmrecht

Normalerweise ist das Kapital einer Aktiengesellschaft in Aktien einer Gattung eingeteilt. Jede Aktie besitzt das gleiche Stimmrecht. Dahinter steht der Gedanke der Gleichbehandlung aller Anteilseigner. 1 Aktie = 1 Stimme auf der Hauptversammlung. Doch es gibt einige wenige Ausnahmen: Aktien mit und ohne Stimmrecht. Wenn diese beiden Gattungen an der Börse gehandelt werden, eröffnen sich gelegentlich Chancen für achtsame Investoren.

Üblicherweise werden die Aktien, die ein Stimmrecht enthalten (in Deutschland Stammaktien genannt) teurer an der Börse notiert als ihre stimmrechtslose Schwester, die Vorzugsaktie. Zum Ausgleich für das fehlende Stimmrecht erhält der Vorzugsaktionär in Deutschland meist eine höhere Dividende. Insofern ist der Begriff »Vorzugsaktie« eine bewusste Irreführung. Denn die Inhaber der stimmrechtslosen Vorzugsaktie haben absolut nichts zu melden, wenn es um Firmenbelange oder um eine Fusion geht. An sich ein Unding. Von einem Vorzug kann man da nicht sprechen. Von daher ist die Vorzugsaktie im Lauf der letzten Jahrzehnte auch nach und nach abgeschafft worden. Über Stimmrechtsaktien dagegen sichern sich strategische Investoren oder Gründerfamilien die Kontrolle über das Unternehmen.

Hier nun ein Beispiel eines Unternehmens, welches mit zwei Aktiengattungen an der Börse notiert wird:

Bei der Alphabet-Aktie notierte beispielsweise die stimmrechtslose Aktie (Börsensymbol GOOG) bei 737 US-Dollar im April 2016. Die Alphabet-Aktie mit Stimmrecht mit dem Börsenkürzel GOOGL kostete zur gleichen Zeit 758 US-Dollar. Also ein verständliches Aufgeld, das Investoren für die Macht der Stimmrechte zu zahlen bereit sind. Das wird eines Tages gegebenenfalls interessant, falls ein feindlicher Investor Einfluss nehmen möchte. Dann wird die Stimmrechtsaktie wertvoll. Interessant ist, dass das Dividendenargument bei Alphabet entfällt. Alphabet zahlt gar keine Dividende.

Ganz besonders interessant wird es für den Geldanleger, wenn die Aktien mit Stimmrecht umgekehrt niedriger im Kurs notieren als die stimmrechtlose Aktie. Das kommt tatsächlich gelegentlich zum Beispiel bei der Roche- und bei der Henkel-Aktie vor, eine Börsenkonstellation, die sozusagen nach einer besonderen Untersuchung der Umstände »schreit«. In diesem Zusammenhang erinnere ich an den Verkauf der Wella-Erben vor vielen Jahren an Procter & Gamble. Dies löste den Verkauf des gesamten Wella-Konzerns aus. Damals wurde die Stimmrechtsaktie sozusagen in Gold aufgewogen, während die Vorzugsaktionäre billig abgefunden wurden. Wenn Stimmrechtsaktien und stimmrechtslose Vorzugsaktien nun einmal vorliegen, gibt es in Extremsituationen keine Gleichbehandlung. Darüber sollte man sich keine Illusionen machen.

Aus diesem Grund präferiere ich seit jeher ganz konsequent immer Aktien mit Stimmrecht. Und zahle auch gerne einen Aufpreis dafür.

11. Montag früh – besser nicht an der Wall Street

Kleine Ratschläge – große Wirkung. Wenn es einen Termin während der Börsenwoche gibt, den man vermeiden sollte, dann ist es die Eröffnung der Wall Street montags früh. Dafür gibt es gute Gründe.

Die Wochenenden haben es in sich. Die Geldanleger haben Zeit, sich mit ihren Privatangelegenheiten zu beschäftigen. Was während der Arbeitswoche aus Zeitmangel liegen geblieben ist, wird nun in Angriff genommen. Zudem ist der Anleger einer Medienflut ausgesetzt: TV-Talk Shows und vor allem den Sonntagszeitungen. Diese beeinflussen in nicht zu unterschätzendem Ausmaß die Psyche der Geldanleger. So kommt es oft zu regelrechten »Wellen« von optimistischen oder negativen Meinungen zu gewissen Themen und Aktien. Diese schlagen sich dann in Form von Kauf- oder Verkaufsorders Montag früh nieder.

Aufgrund der verschiedenen Zeitzonen platzieren erst die Asiaten und danach die Europäer ihre Orders. Im Fall der amerikanischen Aktien an der Wall Street sammelt sich so eine regelrechte Lawine von Wochenend-Orders an, die auf einen Schlag erst am Nachmittag europäischer Zeit (Börseneröffnung Montag früh, New York Zeit) zur Ausführung kommen.

Die Broker an der Wall Street sind darauf spezialisiert, diese »Wochenend-Welle« auszunutzen. Sie verfolgen in aller Ruhe, wie die Orders den Samstag, Sonntag und Montag (europäischer Zeit) über eingegeben werden. Die Mehrzahl der Orders wird von den Geldanlegern ohne Limit platziert. So können die Broker die Kauf- und Verkaufsorders bündeln. Gab es am Wochenende euphorische Nachrichten, so sind die ersten Eröffnungskurse in der Regel in die Höhe gezogen. Wenige Stunden später, im Verlauf des Montags in den USA, hat sich der Sturm häufig wieder gelegt. Davon profitieren clevere Broker.

Umgekehrt verhält es sich, wenn am Wochenende »Panik-News« in den Medien dominieren. Zur Eröffnungsglocke werden die gebündelten Verkaufsorders ohne Limit erst einmal richtig in den Keller gedrückt. Wenig später geht das normale Leben weiter, die Gewitterwolken haben sich verzogen. Die »Wochenend-Amateure« sind aber rasiert worden.

Aus meiner Erfahrung gilt deshalb: Montags morgens zur US-Zeit sollte man keine Aktienorders an die Börse in New York geben. Erst abwarten und schauen, wie sich die Kurse an der Wall Street im Verlauf des Montags entwickeln. Dann erst die Kauf- oder Verkaufsorder in den Markt geben. Also nicht vor 17:00 h europäischer Zeit. – Klingt lapidar, hat sich aber schon oft gelohnt.

12. Hausse oder Baisse – »up or down«

An sich ist es ganz einfach. Für den Vollblut-Börsianer gibt es nur drei grundsätzliche Fragen zu beantworten: In was für einem Markt befinden wir uns? Hausse, Baisse oder im Niemandsland ohne Orientierung. Davon hängt alles ab.

Es ist ein schwerer Fehler, den Gesamtmarkt der Börse zu ignorieren. Die meisten Investoren schauen da nicht gerne hin. Sie stürzen sich lieber auf einzelne Aktien. Und vor allem: Sie wollen nach Herzenslust Aktien kaufen. Es juckt ihnen permanent in den Fingern. Dann wundern sie sich, wenn sie im tiefen Crash kein Cash besitzen, um die ausgebombten Kurse zum Kauf zu nutzen. Mit Schmerz stellen sie im Rückblick fest, dass der Markt schon seit zwölf Monaten Warnsignale ausgesendet hatte.

Hier ist ein einfacher Kompass durch die Börsenwogen:

1. **Aufwärtstrend – Hausse:** Die Börsen befinden sich weltweit im beständigen Aufwärtstrend. Da gibt es nur eins: Viel von den guten Aktien besitzen und nicht über vorzeitige Verkäufe nachdenken. Engagiert bleiben. Denn, was wollen Sie nach dem Verkauf ihrer Aktie mit dem Geld machen? Andere Aktien kaufen. Die sind aber im Zweifelsfall ebenfalls gestiegen. Dann können Sie gleich in Ihrer alten Aktie bleiben.
   Die Zeit von 2011 bis 2015 war eine solche Periode. Es gab keinen Grund, in 2012, 2013 und 2014 ängstlich Kasse zu machen. Schade: Die meisten Anleger schaffen es nicht durchzuhalten und verpassen die großen Aufschwünge. Das viele Hin und Her, Rein und Raus kommt sie teuer zu stehen. Das ist Aktionismus statt coolem Gewinn.
2. **Abwärtstrend – Baisse:** Brechen die Börsen massiv und dauerhaft zusammen, wie im Jahr 2008 und 2009, bringt es nichts, sich gegen die Flut zu stellen. Kleinere Aufwärtsbewegungen im Kurs werden von den Anlegern falsch interpretiert. Sie schöpfen Hoffnung. »Jetzt ist das Leiden endlich vorbei.« Man nennt das eine »Bullenfalle«. Der Trend geht nach unten und so bleibt es für lange Zeit. Ganz egal, ob es sich um erstklassige Blue Chips oder kleinere Nebenwerte handelt. Abwärts geht es. In der Baisse über-

wiegt konstant die Abgabebereitschaft. In solchen Phasen gibt es für den klugen Investor nur folgende Möglichkeiten:

- Raus aus allen Aktien. Alles in Cash.
- Profi-Spekulation auf fallende Kurse mit Put-Optionen oder Leerverkäufen (Short Sells).
- Der Langfrist-Investor, der Aktien wie eine Unternehmensbeteiligung betrachtet, kümmert sich nicht um die schwachen Kurse. Er will ja sowieso nicht verkaufen. Er rechnet nicht in Geld-Gegenwerten, sondern schaut nur wie viel Stück Aktien er besitzt. Er hofft, dass seine Aktien nicht bankrottgegangen sind, wenn die Börsenkrise eines Tages vorbei ist, und er nach Möglichkeit zu tiefen Kursen zukaufen konnte. So war das 2010 seriös machbar (Hinweis: Gilt nur für Anleger, die auf diese Ersparnisse nicht angewiesen sind).

3. **Die Börse ohne Trend – im Niemandsland:** Weder Hausse noch Baisse. Was ist zu tun? Sich in keinem Fall frustrieren lassen. Hinschauen. Nüchtern analysieren. Fest steht: Der Gesamtmarkt wird die einzelne Aktie nicht »huckepack« nehmen und verdientermaßen in die eine oder andere Richtung führen. Was heißt das für den Investor, der jetzt freie Mittel hat?
   - Abwarten und das »Heckmeck« von der Seitenlinie aus betrachten. Die Herausforderung ist, die Angst zu überwinden, dass man den richtigen Moment zum Einstieg verpasst. Ruhig auf dem Cash-Polster sitzen und abwarten.
   - Ansonsten lässt sich in einer solchen Börsenphase prächtig spekulieren. Aber nicht mit irgendwelchen Aktien. Das Augenmerk muss ganz auf atypische »Ausreißer« gerichtet sein. Wo sind einem besonders extreme Kursausschläge aufgefallen? Hier besteht die Chance – trotz eines fehlenden Börsentrends – auf massive Aufhol-Bewegungen im Kurs, sogenannte »Rebounds«. Das ist eine ideale Plattform für kurzfristige Börsengeschäfte. In diesem Umfeld ist eine intensive Arbeit mit der Charttechnik unerlässlich. Eine echte Fleißarbeit. Harte Arbeit. Viele Stunden der Chartanalyse. Aus der Hüfte schießen mit Halbwissen? Das wird Sie teuer zu stehen kommen.

Im Fazit: Bevor der Anleger mit seinem Geld auf das Börsenparkett tritt, um sich in Aktien zu engagieren, sollte er sich – doppelt und dreifach – ein ganz klares Bild davon machen, in »was« für einem Trend die Börsenlandschaft sich befindet.

Die goldene Regel, die kaum einer befolgt, lautet: Gibt es keine eindeutige Antwort, dann sollte der Anleger nichts machen. Bis der Nebel sich lichtet.

IV.
Die Geschäftswelt – die Realität sieht anders aus

Fachidioten haben an der Börse schlechte Karten. Wer meint, allein mit dem Studium der Aktienkurse ans Ziel zu kommen, liegt falsch. Und auch auf die Analyse von noch so verzwickten Bilanzzahlen sollte sich der Investor nicht allzu viel einbilden.

Kluge Investoren blicken über den Tellerrand. Sie bringen ihr Wissen um die Mechanismen der Börse in Verbindung mit der realen Geschäftswelt. Denn dort wird ja die eigentliche Musik gemacht. Wer seinen Blick für die realen Abläufe im Geschäftsleben schärft, der schaltet als Investor den Turbo an.

1. Das Buch der Bücher: der Geschäftsbericht

Viele Geldanleger tappen an der Börse im Dunkeln. Statt frustriert das Handtuch zu werfen, sollten Sie den Geschäftsbericht lesen. Da steht (fast) alles drin.

Das Bankensystem hat den meisten Geldanlegern den Schneid abgekauft. Dabei bedarf es gar nicht viel, um ein guter Investor an der Aktienbörse zu werden. Die Grundrechenarten, wie das Addieren, Dividieren und das Prozentrechnen, sollten Sie natürlich beherrschen. Aber keine Angst. So schlimm wie im Mathematikunterricht wird es nicht.

Ein Notizblock, ein Bleistift und ein einfacher Taschenrechner neben Ihrem Laptop sind die Grundausstattung. Mehr brauchen selbst die alten Hasen an der Börse nicht. Aktive Profi-Anleger wie Tito Tettamanti in Lugano oder Carl Icahn in New York bewegen so seit Jahrzehnten Hunderte von Millionen Dollar. Ich kenne nur wenige Berufe, die so wenig Büroausstattung benötigen.

Wenn Sie Ihr Werkzeug beieinander haben, setzen Sie sich an einen schönen Platz und hängen das Schild »Bitte nicht stören« an die Tür. Dann kommen wir zur Kerntätigkeit eines erfolgreichen Investors und die heißt: lesen, lesen und nochmals lesen.

Die meisten Investoren fühlen sich schlecht informiert und schimpfen auf ihre Berater. In ihrem Dilemma stöbern sie im Internet in allerlei Sekundärliteratur herum. Auch in den Börsengazetten wird häufig »dünn« darüber berichtet. In jedem Fall reicht die Information nicht aus, um daraufhin ruhigen Gewissens Großteile des Kapitals in eine Aktiengesellschaft zu investieren. Dieses Gefühl werden Sie kennen.

Dabei gibt es einen ganz einfachen Weg, der völlig aus der Mode gekommen ist: das Lesen des Geschäftsberichtes einer Aktiengesellschaft. An allen Börsen der Welt ist der Geschäftsbericht kein Werbeprospekt und auch keine Image-Broschüre. Der jährliche Geschäftsbericht ist die offizielle Berichterstattung an die Eigentümer, also an die Aktionäre. Er ist die Urquelle aller Firmendaten. Als Geldanleger sollten Sie es sich zur Gewohnheit machen, grundsätzlich den Geschäftsbericht zu lesen.

Ich habe die verschiedensten Typen von Investoren persönlich kennengelernt; von Sydney, Perth, Singapur, Zürich, Frankfurt, London, Stockholm, New York und Toronto. Ganz gleich, ob sie alt oder jung waren, Kurzfrist-Spekulanten oder Langfrist-Investoren, ich kann Ihnen versichern, eines hatten sie alle gemeinsam. Sie waren alle geduldige und aufmerksame Leser der Geschäftsberichte.

Es gibt viele Aktionäre, die seit Jahren ihr Geld in Aktiendepots verwalten oder verwalten lassen, aber noch nie einen Geschäftsbericht in die Hand genommen haben. Und dies, obwohl sie der Firma ihr Kapital anvertraut haben.

Der Investmentprozess fängt bei klugen Investoren immer mit der Lektüre des Geschäftsberichts an. Bevor Sie sich also beraten lassen und lange Gespräche führen, lesen Sie bitte erst einmal den Geschäftsbericht. Sie zäumen sonst das Pferd verkehrt herum auf.

Es ist ganz und gar unnötig, sich Sorgen zu machen, dass Sie der Aufgabe nicht gewachsen sein könnten. Die meisten Geldanleger trauen sich das Lesen eines Geschäftsberichts nicht zu. Sie sind der irrigen Ansicht, dies sei Wirtschaftsprüfern und Bankern zu überlassen. Das ist eine falsche Sicht der Dinge.

Früher wurden die Geschäftsberichte den Aktionären von den Depotbanken automatisch zugeschickt. Meine Großmutter hatte ein umfangreiches Aktiendepot, das sie selbst verwaltete. Von allen Aktien, die sie in ihrem Depot bei der Deutschen Bank in Karlsruhe hatte, wurden ihr unaufgefordert die Geschäftsberichte zugeschickt; kostenfrei.

Das habe ich schon lange nicht mehr erlebt. Mir ist unklar, wieso dieser bewährte und gute Service für die Aktionäre abgeschafft worden ist. Sie müssen sich heute also selber darum kümmern. Die börsennotierten Aktiengesellschaften veröffentlichen alle Daten auf ihrer Website. Ich empfehle Ihnen jedoch, sich unbedingt den Geschäftsbericht in gedruckter Version per Post schicken zu lassen. Nutzen Sie diese Gelegenheit, solange sie noch existiert. Denn mehr und mehr Aktiengesellschaften gehen dazu über, den Geschäftsbericht nur noch Online zu publizieren. Wenn dem heute schon so ist, dann machen Sie sich die Mühe und drucken den Geschäftsbericht auf einem Schnelldrucker im Kopierladen aus.

Liegt der Geschäftsbericht nun auf Ihrem Tisch, empfehle ich Ihnen, auf Folgendes zu achten, damit Sie nicht gleich vor dem Buch mit den »sieben Siegeln« kapitulieren:

Ist der Geschäftsbericht so dick wie ein Telefonbuch, heißt es: Hände weg. Für mich gilt: Alles, was mehr als ein halbes Kilo schwer ist, kann mit seinem Finanz-Wirrwarr auch von manchem Experten kaum noch geistig durchdrungen werden. Ab in den Mülleimer damit.

Gelinde ausgedrückt, ist ein Geschäftsbericht, den man mit dem gesunden Menschenverstand nicht erfassen kann, eine Unverschämtheit. Im Deutschunterricht nannte man das: Thema verfehlt, Note fünf. Sinn und Zweck ist es ja, mit dem jährlichen Bericht die Eigentümer zu informieren. Es ist eine Überheblichkeit des angestellten Managements den Aktionären so ein »Monstrum« vorzulegen.

Auch die kompliziertesten Geschäftsvorgänge lassen sich allgemein verständlich publizieren.

Fazit: »Unlesbare« und unzumutbare Geschäftsberichte sind für mich ein »K.o.-Kriterium«. Ich rate von einem Investment in solch einer Aktiengesellschaft ab. Hier stimmt die Sichtweise des Managements gegenüber ihren Aktionären nicht. Einem solchen Laden würde ich mein Kapital nicht anvertrauen.

Aus meiner »Leseerfahrung« hier zwei Tipps:

- Für die Lektüre eines anständigen Geschäftsberichts brauchen Sie eine Stunde. Nicht mehr. Stellen Sie sich einen Wecker. Fangen Sie vorn an zu lesen. Meist beginnt es mit einem Mehrjahresüberblick historischer Finanzzahlen. Da bekommen Sie schon einmal einen ersten Eindruck.
- Konzentrieren Sie sich auf die allgemeinen Textteile, vor allem auf die Ansprache des Chairman, des CEO und lesen Sie danach den Bericht des Managements.

Der größte Abschnitt im Geschäftsbericht ist den Details der Bilanz und der Gewinn- und Verlustrechnung gewidmet. Diesen Teil lassen Sie erst einmal außen vor. Falls Ihnen das Geschriebene vorn nicht gefällt, können Sie sich das ja ohnehin sparen. Hat die Lektüre Sie jedoch neugierig gemacht, holen Sie sich für den Finanzteil im zweiten Schritt Rat von einem Experten ein.

In einem guten Geschäftsbericht steht (fast) alles drin. Die meisten Manager sind sich gar nicht bewusst, was sie mit ihren Zeilen alles zum Ausdruck bringen. Das Unterbewusste lesen Sie zwischen den Zeilen. Je mehr Geschäftsberichte Sie lesen, umso geübter wird Ihr Auge. Vor allem, wenn Sie die Geschäftsberichte einer Gesellschaft über die Jahre miteinander vergleichen. Bauen Sie sich ein Archiv auf. Es lohnt sich immer wieder, einmal nachzuschauen, wie die Firma zum Beispiel früher konkrete Geschäftspläne dargestellt hat.

Ich achte sehr darauf, was der Chairman und der CEO schreiben. Als geübter Leser bekomme ich schnell ein Gefühl, welcher Geist im Top-Management weht. Ich achte auf die kleinsten Details:

- An welcher Stelle werden die Aktionäre zum ersten Mal erwähnt? Ist nur die Rede von Kunden, Lieferanten, Märkten, Mitarbeitern; und wird ganz zum Schluss beiläufig in einem Halbsatz schließlich den Aktionären »gedankt«?
- Werden Probleme verständlich angesprochen oder wird um den heißen Brei herumgeredet? Muss ich als Leser selber »herausklamüsern«, wo die Schwachstellen des vergangenen Jahres lagen?
- Ich möchte, dass »meine« Aktiengesellschaft mir mit seinen Stärken und Schwächen näher gebracht wird. Dieses Bemühen will ich bei der Lektüre spüren. Das erfordert der Respekt vor den eigentlichen Kapitalgebern, den Aktionären.
- Mir gefällt es, wenn der Chairman und der gesamte Vorstand sich mit einem vernünftigen Foto ablichten lassen. Es ist wichtig – wenn auch nur auf dem Papier – zu sehen, um was für Menschen es sich da handelt. Eine alte Weisheit besagt, dass der Mensch im Lauf seines Lebens für sein eigenes Gesicht verantwortlich ist. Da kann man schon einiges erkennen.
- Wenn hingegen Vorstand und Chairman sich weigern, sich im Geschäftsbericht ablichten zu lassen, hat das nichts mit Bescheidenheit zu tun. Dann stimmt etwas nicht. Das geht bei einer privat gehaltenen Firma, aber nicht bei einer börsennotierten Aktiengesellschaft.
- Interessant ist auch zu verfolgen, wie sich auf den Fotos die Anordnung der Personen ändert. Bei einer großen amerikanischen Chemiefirma wurde im Lauf der Jahre aus einem Gruppenfoto des Managements immer mehr ein Foto mit folgender Tendenz:

der CEO im Vordergrund, der Rest des Boards im Hintergrund, kaum noch erkennbar, in »Zwergengröße«. Kein Witz. Hier zeichnete sich ein gefährlicher Egotrip des CEO ab.

- Aufhorchen sollte man, wenn auf eine schlechte Aktienkursentwicklung des Unternehmens nicht eingegangen wird.

Gerade an der Art und Weise, wie mit unangenehmen und unerfreulichen Themen umgegangen wird, können Sie die Qualität des Managements »erspüren«. Und das allein schon lohnt sich.

Nicht umsonst haben erfolgreiche Investoren immer einen Geschäftsbericht auf ihrem Nachttisch.

2. Wozu ist die Investor-Relationsabteilung gut?

Aktionäre und Investoren sollten die Investor-Relationsabteilungen mehr nutzen. Wer es richtig anstellt, bekommt dort mehr als nur Informationsmaterial.

In einer börsengelisteten Aktiengesellschaft muss die Investor Relationsarbeit vernünftig organisiert sein. Der Aktionär hat einen Anspruch darauf, dass er im Verlauf des Jahres eine Anlaufstelle hat, die sich um seine Belange und Fragen kümmert.

Die Art und Weise, wie die Aktiengesellschaften das Thema »Aktionärsbetreuung« angehen, ist vielfältig. Ich habe bei meiner Research-Tätigkeit im Verlauf der Jahre wirklich alle Schattierungen kennengelernt.

Bei mittelgroßen Gesellschaften, vor allem in der Schweiz, ist häufig die Assistentin des Finanzvorstands oder der Finanzchef selbst die zentrale Anlaufstelle.

Ich habe es mit Vollzeit-Investor-Relationsmanagern zu tun gehabt, die voller Begeisterung und Elan »ihre« Aktiengesellschaft präsentierten. Sie haben mich mit ihrem profunden Wissen beeindruckt. Dort habe ich viel – in kurzer Zeit und auf effiziente Weise – über die Gesellschaft gelernt und einen richtig guten Zugang zu der Branche und der Firma gefunden.

Auf der anderen Seite des Spektrums musste ich erleben, wie hoch bezahlte Investor-Relationsabteilungen, bestehend aus drei bis fünf Vollzeitbeschäftigten, sich als gelangweilte »Informationsmaterial-Aushändiger« und »Vorleser« von Power Point-Präsentationen entpuppten. Das war jedes Mal ein schockierendes Erlebnis.

Manche Investor-Relationsmanager waren blutjung, hatten gerade ihren zweiten Job, und waren zuvor bei einer Bank beschäftigt. Bei anderen Aktiengesellschaften traf ich auf »alte Hasen«, die schon ihr halbes Leben in der Firma zugebracht hatten und dort quasi jeden Hosenknopf kannten.

Mit einer seltenen Konstellation hatte ich es bei einem Besuch auf dem Lande nahe der österreichischen Grenze zu tun. Die Aktiengesellschaft, ein marktführender Nischenanbieter in der Metallverarbeitung, war nach zwei Generationen in Privatbesitz an die Börse gebracht worden. Die Gründerfamilien behielten weiterhin die Kontrolle über die Aktiengesellschaft, mit etwas über 60 Prozent der Anteile.

Der Investor Relationsmanager im Alter von etwa 40 Jahren nahm sich Zeit und gab sich viel Mühe. Er führte mich durch die Fabrikationshallen. Er war ein wirklich kompetenter Mann und machte seine Sache gut. Erst gegen Ende des Gesprächs stellte sich heraus, dass er zur Gründerfamilie gehörte und selbst in erheblichem Umfang Aktien besaß. Als der Börsengang anstand, hatte er sich ganz bewusst um die Position des Investor-Relationsmanagers bemüht. Es war ihm ein Anliegen, dass die neuen Aktionäre und Investoren den richtigen Eindruck von dem Unternehmen bekamen. Das hat mir imponiert.

Sie sehen, der Fächer der Investor-Relationsbeauftragten ist breit. Worum geht es mir, wenn ich in Verbindung mit der Investor-Relationsseite trete? Ich kontaktiere Investor-Relations gezielt als »Test«. Für mich ist die Investor-Relationsanlaufstelle eine Art »Vorhut« des Unternehmens in seinem Verhältnis zum Aktionariat.

Mir geht es darum zu sehen, wie sich eine Aktiengesellschaft verhält, wenn der »Miteigentümer«, der Aktionär, sich meldet. Aus der Art und Weise, wie die zuständigen Personen reagieren, erhalte ich unmittelbar einen ersten Eindruck von der Corporate Culture und Aktionärskultur der Firma. Gerade wenn man Aktiengesellschaften aus verschiedenen Ländern miteinander vergleicht, bekommt man schnell ein Gefühl, um was für einen »Laden« es sich handelt.

Ich gehe nach folgendem Schema vor:

- Am liebsten greife ich zum Telefon und stelle gezielte Fragen. Werde ich an eine kompetente Person durchgestellt, die unvorbereitet Rede und Antwort stehen kann, ist das eine sehr gute Indikation.
- Ansonsten bitte ich um einen Rückruf. Wenn dieser tatsächlich erfolgt, bin ich ebenfalls erfreut.
- Meistens wird man jedoch am Telefon »abgewimmelt« und gebeten, man möge doch seine Fragen per E-Mail zusenden. Das mache ich dann auch; am liebsten zeitgleich an mehrere Aktiengesellschaften. Dann wird es schon interessant: Wie schnell be-

komme ich eine Antwort per Mail und vor allem in welcher Qualität wird mir geantwortet.

- Gar nicht erfreulich finde ich es als Aktionär, wenn die Antworten »schwammig« ausfallen oder auf die Beantwortung einzelner Punkte »verzichtet« wird.
- Sie glauben gar nicht, bei wie vielen Aktiengesellschaften Sie mehrfach »nachhaken« müssen, bis man sich endlich herablässt, auf Ihre E-Mail-Anfrage einzugehen.
- Ich bitte immer um die Zusendung eines Geschäftsberichts. Meistens frage ich auch nach einigen Exemplaren aus den Vorjahren. Bei diesem Anliegen wird sehr unterschiedlich mit den Aktionären umgegangen. Vom schroffen Hinweis –»den können Sie sich ja selber von der Website ausdrucken«, vom gedankenlosen Versand aus Australien per Seefracht (dauert etwa acht Wochen) bis zur prompten Kurierauslieferung am nächsten Tag (mit allem Drum und Dran, persönlichem Anschreiben, Visitenkarte und noch mehr Informationsmaterial als angefordert).

Das ganze Prozedere lohnt sich immer für Sie als Aktionär und interessierten Investor. Entweder kommen Sie mit Ihrem Wissen um die jeweilige Aktiengesellschaft wirklich weiter und bauen einen guten Kontakt zum Unternehmen auf. Oder Sie stellen in der Frühphase Ihres Investments fest, dass Sie als Investor nicht gerade freundlich behandelt werden. Das wäre für mich immer ein Alarmzeichen. Ich lege Wert darauf, mein Kapital keiner Aktiengesellschaft »aufzudrängen«. Nutzen Sie die Investor Relationsbeauftragten als Barometer. Sie werden schon merken, ob man an Ihnen und Ihrem Geld interessiert ist.

3. Ich liebe »Cash-Maschinen« an der Börse

Als Value-Investor liebe ich »goldene Bilanzen« und starke Gewinn- und Verlustrechnungen bei den Aktiengesellschaften. An den Börsen gibt es erstaunliche Unterschiede bei der Finanzkraft der Unternehmen. Es lohnt sich nach den Ertrags- und Substanzperlen zu suchen.

Viele Investoren lieben den sogenannten »Leverage« bei Firmen, also das Arbeiten mit Fremdkapital, um eine Hebelwirkung auf die Eigenkapitalverzinsung zu erzielen. Ich halte nichts davon. Mir sind Unternehmen lieber, die nicht in die Abhängigkeit von Banken geraten können. Denn erst in Krisenzeiten merkt der Aktionär, welch unschätzbarer Vorteil die finanzielle Unabhängigkeit für Industrieunternehmen sein kann.

Es ist ein Auszeichnungsmerkmal, wenn Aktiengesellschaften, die richtig gut aufgestellt sind, sich ihre Unabhängigkeit erarbeiten können. Die Stärke erkennt man an der Ertragskraft und die schlägt sich in der Bilanz nieder. Üblicherweise haben gesunde Konzerne Bankschulden und verdienen nach Steuern zwischen drei Prozent und acht Prozent pro Jahr auf den erzielten Umsatz.

Damit gebe ich mich nicht zufrieden. Seit Jahren schaue ich systematisch nach Firmen, die doppelstellige Umsatzrenditen erzielen. Hierzu aus dem realen Leben ein paar Beispiele:

Apple (AAPL) erzielte 2015 eine Umsatzrendite in Höhe von 22,85 Prozent, was 53 Milliarden US-Dollar Gewinn pro Jahr ausmachte.

Alphabet (GOOG) saß 2015 auf einem Netto-Cash-Polster in Höhe von 62,4 Milliarden US-Dollar und jährlich kommen etwa 15 Milliarden hinzu, denn die Umsatzrendite liegt bei 22 Prozent.

Wenn Sie sich diese Zahlen einmal zu Gemüte führen, wird Ihnen schnell klar, wer was, wie und wo in unserer Welt erreichen kann, wenn es um Forschung, Marketing und Personalrekrutierung geht. Da müssen andere Firmen ganz schön den Atem anhalten.

Aber nicht nur bei den Mega-Kommunikationskonzernen sind solche Perlen zu finden. Auch bei kleineren Unternehmen gibt es Champions. Mein Sohn Julian hat mich bei einem Kinobesuch auf einen solchen hingewiesen. Ganz im Verborgenen an der Wall

Street gedeiht Dolby Laboratories (DLB). Der Markenname ist Ihnen vielleicht aus dem Kino bekannt, »Dolby Surround«. Der Weltmarktführer bei Akustiksystemen erzielt einen jährlichen Umsatz von 970 Millionen US-Dollar und hatte 2015, sage und schreibe, 670 Millionen liquide Mittel in der Kasse. Jährlich kommen etwa 18 Prozent des Umsatzes als Nettogewinn hinzu, und das sind dann 180 Millionen US-Dollar obendrauf. Bankschulden? Keine!

Vielleicht werden Sie sagen, das sei halt Amerika. Das Land der Kapitalisten und Ausbeuter, ohne Sozialsysteme. Da ist so was noch möglich, da regiert halt der Mammon.

Nein, weit gefehlt. Auch hier bei uns in Deutschland gibt es diese Perlen. Ich empfehle Ihnen einmal einen Besuch in Bayern bei der Firma Rational AG, seit Jahrzehnten Weltmarktführer bei Profiküchen für Hotels, Gaststätten und Kantinen. Seit Jahren eine meiner Lieblingsaktien an der Börse. Schauen Sie sich einmal die Bilanz und die Ertragskraft an. Sie werden staunen.

Der Geldanleger hat die freie Wahl. Er kann die Aktien kaufen, die ihm gefallen. Niemand zwingt ihn zu irgendetwas. Für mich als Value-Investor steht seit Langem fest: Gute Bilanzen sind in Wirklichkeit viel besser, während schwache Bilanzen in der Regel viel schlechter sind, als sie aussehen. Allein schon deshalb ist für mich die Entscheidung klar: Ich schlafe mit »Cash-Maschinen« im Depot viel ruhiger.

4. Sind Konglomerate an der Börse noch zeitgemäß?

Große Mischkonzerne, die sogenannten Konglomerate, waren einst die Lieblinge der Börsianer. Doch sind sie das richtige Investment-Modell für die Zukunft?

Am 8. Mai 2015 war in der Zeitung zu lesen: »Siemens verschärft Sparpläne. Konzernumbau. Jobabbau. Weitere 4.500 Arbeitsplätze werden gestrichen.«

Es lohnt sich, genauer hinzuschauen, was für ein Gebilde solch ein Konglomerat eigentlich ist. Stellen Sie sich einmal vor, Sie wären der Chef eines Konzerns wie Siemens. Sie hätten 342.000 Mitarbeiter, davon 114.000 in Deutschland, also 228.000 im Ausland. Sie wären verantwortlich für die Herstellung, den Vertrieb und das Marketing von Antriebsmotoren, Getrieben und Kupplungen, für Geräte zur Stromerzeugung und Stromverteilung, Sensoriksystemen, Kraftwerkstechnik und Gasturbinen, Labordiagnostik, Schienenverkehrstechnik, Elektroinstallationstechnik und einiges mehr. Bis vor Kurzem gehörten auch noch Glühbirnen, Hörgeräte und Hausgeräte zu dem Imperium. Und das alles über den Globus verteilt.

Diese Mischkonzern-Strukturen stammen aus einer Zeit, als Kapital und Know-how ein knappes Gut waren. Alles wurde notgedrungen »In-House« entwickelt oder in Gang gesetzt. Die Bündelung von singulärem Fachwissen war ein Wettbewerbsvorteil. Es standen relativ wenig attraktive Absatzmärkte zur Verfügung. So expandierte man also in die Breite.

Inzwischen sind die Herausforderungen, auch nur in einem einzigen Sektor weltweit bestehen zu können, eine echte Herkulesarbeit für Jahrzehnte. Heute bedarf es voll und ganz fokussierter Unternehmen mit ganz eigenen Firmenkulturen. Nur diese werden in der Lage sein, auf Dauer Top-Experten für sich zu gewinnen. Die Motivation und Mobilisierung dieser Mitarbeiter wird darüber entscheiden, ob ein Unternehmen einen Vorsprung global ausbauen und halten kann.

Schon lange ist die Kurs-Performance vieler Spezialunternehmen an der Börse besser, als die der Konglomerate. Ein Beispiel: In den vergangenen fünf Jahren hat der Aufzughersteller Schindler um

74,2 Prozent zugelegt. ThyssenKrupp lediglich um 9,6 Prozent. Dort ist die profitable Aufzugssparte nur Teil eines Mischkonzerns. In den vergangenen zehn Jahren sind Schindler um 124 Prozent gestiegen, Thyssen Krupp um 72 Prozent.

Der versierte Investor setzt auf schlanke, voll fokussierte Unternehmen, die ihre Energie einer Sache oder einer Branche widmen. Den Grad des Risikoausgleichs schafft der Geldanleger selbst, indem er sein Portfolio entsprechend strukturiert. So kann er auf Segmente, Sektoren und Regionen setzen, von deren Kraft und Zukunftsaussichten er überzeugt ist.

Ein solches Portfolio wird auf Dauer effizienter sein, als ein Mischkonzern nach der Devise »Alles unter einem Dach«. Einen schwerlastigen Konzern-Overhead braucht es nicht.

5. Kann sich der Aktionär auf den Aufsichtsrat verlassen?

Nur wenige Geldanleger schauen sich den Aufsichtsrat einer Aktiengesellschaft genauer an. Das ist ein Fehler, denn da läuft vieles nicht rund. Woran erkennt der Aktionär Warnsignale und Fehlentwicklungen? Wie geht er das Thema am besten an? Ein Blick hinter die Kulissen lohnt sich.

Manager sind durch Anstellungsverträge und Abfindungen geschützt. Angestellte und Arbeiter befinden sich im Regelwerk von Tarifverträgen und Arbeitsrecht. Darüber hinaus beschäftigen sich Gewerkschaften mit den verschiedenen Berufsgruppen. Und wer wacht über die Interessen der Aktionäre, den eigentlichen Geld- und Arbeitgebern? Diese Aufgabe fällt dem Aufsichtsrat zu. Diesem obliegt das Mandat, die Interessen aller Eigenkapitalgeber zu wahren. Die Betonung liegt auf dem Wort »alle«.

Wie gut kennt der Aktionär üblicherweise »seinen« Aufsichtsrat? Versierte Geldanleger studieren die Geschäftsberichte und die Bilanzen, sie lesen Analysten-Reports und machen sich über die Produktpalette und Expansionspläne der Firma Gedanken. Um vertiefte Erkenntnisse über den Aufsichtsrat bemühen sie sich kaum. Es geht vor allem darum herauszufinden, wie die wahren Machtverhältnisse in einer Aktiengesellschaft sind. Und diese sind häufig ganz und gar nicht so, wie es von außen den Anschein hat.

Dies ist ein kritischer Punkt. Denn hat der Geldanleger sein Kapital erst einmal einer Aktiengesellschaft anvertraut, so ist ab dem Zeitpunkt der Aufsichtsrat am Ruder. Denn er setzt den Vorstand ein und kontrolliert ihn. Der Vorstand führt operativ die Geschäfte. Je mehr der Aufsichtsrat auf einer Linie mit den Aktionären liegt, umso sicherer ist also ein Engagement für den Geldanleger.

Als Value Investor hat es mich immer schon interessiert, wie es in den Aufsichtsräten – an dieser Schaltstelle, wo Unternehmen und Kapital zusammenkommen – wohl zugeht. Über einen Zeitraum von zwei Jahrzehnten ist es mir gelungen, selbst Aufsichtsratsmandate zu übernehmen. Um möglichst viele Eindrücke aus erster Hand zu erhalten, habe ich mich bewusst bei kleineren Gesellschaften aus verschiedenen »Kulturbereichen« engagiert: in

Deutschland als Aufsichtsratsvorsitzender einer Holding sowie als »Non-Executive Director« bei börsengelisteten Rohstoffunternehmen in England, Skandinavien und Australien.

Ich kann nur sagen, die Erfahrungen haben sich gelohnt. Sie waren aufschlussreich und ernüchternd. Hier sind einige Punkte, die mir während dieser Mandatstätigkeit in den Aufsichtsräten aufgefallen sind. Nicht alle weisen und alten Herren, nicht alle große »Namen« aus der Industrie leisten wirklich einen Beitrag. Worauf es ankommt, ist die unternehmerische Einstellung, das »unternehmerische Herz«. Erst im Aufsichtsrat ist mir wirklich klar geworden, dass der Unterschied zwischen einem guten Manager und einem Unternehmer mindestens 1.000 Prozent beträgt. Im Aufsichtsrat muss der unternehmerische Weitblick regieren. Doch das rechte Augenmaß für interne Belange einerseits und für die Geschehnisse und Chancen in der Außenwelt andererseits, ist nur selten anzutreffen.

Die Dominanz der operativen Manager aus dem Tagesgeschäft sowie die Gruppierung ehemaliger Manager im Aufsichtsrat selbst, ist nicht zu unterschätzen. Denn anders als gemeinhin vermutet, geht es bei Abstimmungen im Aufsichtsrat nicht nach Kapitalanteilen, sondern nach Köpfen. Die Engländer sagen dazu: »Show of hands«. Am eigenen Leib habe ich es erlebt. Obwohl ich den größten Kapitalblock vertrat und dies auch jeder meiner Aufsichtsratskollegen wusste, wurde ich gnadenlos niedergestimmt. Ich weiß von einem Fall, wo ein 80 Prozent-Anteilseigner von seinem Aufsichtsrat gegen seinen Protest überstimmt wurde. Der Aktionär kann sich also nicht blind darauf verlassen, dass ein großer Aktionär im Aufsichtsrat sitzt. Das allein heißt noch gar nichts. Es kommt auf die Zusammensetzung des Aufsichtsrats an.

Schon mancher neue große Aktionär hat da seine Überraschung erlebt. Vor allem in einem Dreier-Gremium ist mancher Vorstoß zum Scheitern verurteilt. Wenn sich die beiden anderen Vertreter verstehen, hat das neu hinzukommende Aufsichtsratsmitglied de facto nichts zu melden. Den Weg über die Einberufung einer außerordentlichen Hauptversammlung, die Konstellationen im Aufsichtsrat zu ändern, ist in der Praxis viel schwieriger zu gehen, als man vermutet.

Die Gesinnung in Aufsichtsräten größerer Aktiengesellschaften orientiert sich häufig an Denkmustern aus Managerkreisen und weniger an Eigentümerüberlegungen. Beim RWE-Konzern zum Beispiel war sicher niemand zu traurig, als vor Jahrzehnten das damalige Oberhaupt des Werhahn-Clans, Heribert Werhahn, enttäuscht aus dem Aufsichtsrat ausschied. Er war der letzte persönliche Eigentümer eines großen RWE-Aktienpakets. Es blieben Ex-Manager, Banken- und Kommunalvertreter sowie andere Funktionäre übrig. Mein Eindruck war damals, dass man geradezu froh war, »endlich unter sich zu sein«.

Die globale Geschäftswelt stößt schnell an ihre Grenzen, wenn es im Aufsichtsrat hart auf hart zugeht. In Skandinavien saß ich als einziger ausländischer Kapitalvertreter im Aufsichtsrat einer Minengesellschaft. Als die Geschäfte schlechter liefen, war bald Schluss mit den gepflegten Umgangsformen. Ich wurde zunehmend als »deutscher« Eindringling angesehen. Ganz unverblümt wurde in entscheidenden Moment auf Schwedisch debattiert. Nach außen hin vertrat ich den größten Aktienblock, doch das Sagen hatte der Altherren-Club aus der Stockholmer Oberschicht.

Worauf sollte der Geldanleger und Aktionär achten, wenn er sich den Aufsichtsrat einer börsengelisteten Aktiengesellschaft genauer anschaut? Was sind Warnhinweise? Welches sind für den Aktionär gute Konstellationen?

Eine gute Ausgangsbasis ist es ganz eindeutig, wenn der größte Aktionär auch den Aufsichtsratsvorsitz übernimmt. Damit bekennt er sich in aller Öffentlichkeit zu seinem Engagement. Mit der Stellung – großer Aktienbesitz und Chef des Aufsichtsrats – hält er die Fäden in der Hand. In so einem Fall muss sich der freie Aktionär »lediglich« ein Bild über diese Person machen. Ist er von ihr, als seinem Kapitalvertreter überzeugt? Das geht am einfachsten über den Besuch der Hauptversammlung. Da wird er den Aufsichtsratsvorsitzenden intensiv erleben. Wie führt er die Versammlung, ist er souverän, antwortet er frei und kompetent, ist er fit? Ist er umringt von Beratern und Assistenten? Da bekommen Sie schnell einen Eindruck. Das Gespräch mit anderen Mitaktionären lohnt sich ebenfalls.

Die Alarmglocken gehen bei mir an, wenn der größte Aktionär nicht den Vorsitz übernimmt. Die Begründung ist meist, dass er aus

Bescheidenheit nicht im Rampenlicht stehen möchte oder dass er anderweitig beruflich überlastet sei. Aus meiner Sicht sind das alles nur Ausflüchte. Wer bei einer Aktiengesellschaft das meiste Kapital stellt, der sollte auch die volle Verantwortung übernehmen. Er muss vorangehen. Denn nur dann hat er auch das Sagen. In einem der Vermögensbeiräte, in dem ich über zehn Jahre lang Mitglied war, fasste es mein Kollege, ein erfahrener Wirtschaftsanwalt aus Bonn, völlig richtig zusammen: »Ganz am Ende kommt es nur auf eines an: Ob er den Vorstand rausschmeißen kann.«

Weiterhin würde ich empfehlen, »gemütliche Altherrenrunden« im Aufsichtsrat kritisch zu betrachten. Erfahrungen aus verschiedenen Generationen sind wichtig. Meine ideale Altersstruktur im Aufsichtsrat wäre – wie ich es nenne – die 75-55-35-Regel. Angetroffen in der Praxis, habe ich meist die Altersklassen 55 bis 65 Jahre. Damit geht abrupt zu einem bestimmten Zeitpunkt viel Know-how von Bord.

Von festen Pensionierungsgrenzen im Aufsichtsrat halte ich nichts. Wenn ich tüchtige 40-Jährige und 50-Jährige Aufsichtsratsmitglieder habe, freue ich mich über einen Senior im Alter von 82 Jahren im Gremium. Es geht um die Ausgewogenheit an Erfahrung und Wissen im Kontrollgremium. Das ist für den Aktionär von Wert.

Eine Unsitte ist der fehlende Aktienbesitz bei vielen Aufsichtsräten. Da bin ich unerbittlich. Wer nicht substanziell – im Rahmen seiner finanziellen Möglichkeiten – in Aktien der Gesellschaft investiert, bei der er über die Kapitalinteressen zu wachen hat, der gehört einfach nicht auf den Aufsichtsratssessel. So ein Mensch ist wie ein Bademeister, der nicht schwimmen kann. Als Aktionär bestehe ich darauf, dass meine Kapitalinteressen von Leuten vertreten werden, die ebenfalls Geld verlieren, wenn der Aktienkurs sinkt.

Also, wenn der Aktienbesitz nicht im Bericht veröffentlicht wird, würde ich die Investor-Relations-Abteilung danach fragen. Diejenigen Aufsichtsratsmitglieder, die nur wenige Aktien besitzen, würde ich gezielt nach der Begründung dieses Sachverhaltes befragen. Ich kann Ihnen jetzt schon sagen, Sie werden überrascht sein, wie viele Aufsichtsräte sich mit lächerlich niedrigen Summen engagiert haben.

Mein Fazit: Ein guter Aufsichtsrat ist Gold wert. Als Value-Investor würde ich mich lieber an weniger Unternehmen beteiligen, als in diesem Punkt Kompromisse einzugehen oder im Dunkeln zu tappen. Ich halte das aus Kapitalsicht für zu gefährlich.

Also, vielleicht denken Sie einmal darüber nach und schauen sich künftig die Damen und Herren im Aufsichtsrat genau an.

6. Familien-Großaktionäre – mit wem geht man ins Bett?

Die Selektion der richtigen Aktiengesellschaften ist langfristig das A und O für die Performance eines Aktiendepots. Und genauso hängt der Risikograd eines Aktien-Portefeuilles entscheidend von der Auswahl der einzelnen Unternehmen ab. Dem Geldanleger bietet sich eine einfache Hilfestellung bei der Auswahl.

Zunächst einmal ist das Suchfeld eingegrenzt. Leider kann sich der Geldanleger nicht an so erfolgreichen Firmen wie Bacardi Rum, Jägermeister, der DM-Drogeriekette, Bofrost, Aldi und dem Schraubenimperium Würth beteiligen. Diese und unendlich viele andere erstklassige Unternehmen befinden sich zu 100 Prozent in Privatbesitz. Die Tür für den Geldanleger bleibt verschlossen.

Aber es gibt an den internationalen Börsen eine Anzahl von Aktiengesellschaften, die nach wie vor von den Gründern bzw. Gründerfamilien kontrolliert oder geführt werden. In diesen Fällen befinden sich meist 30 Prozent bis 70 Prozent des Aktienkapitals in den Händen der Unternehmerfamilie. Erfahrene Börsianer wissen seit Jahrzehnten, dass es sich lohnt, nach diesen börsennotierten »Familien-Firmen« Ausschau zu halten. Doch nicht alle Straßen führen nach Rom. Es gibt einige Punkte zu bedenken. Worauf ist zu achten?

Grundsätzlich gilt: Wenn die Gründerfamilien in der Vergangenheit den Nachweis erbracht haben, dass sie fair mit den Kleinaktionären umgegangen sind und guten Managern das operative Geschäft überlassen haben, so ist dies eine hoch interessante Konstellation für den Geldanleger: Börsennotiz und privates Unternehmerdenken ist vereint.

Der Vorteil für den freien Aktionär: Er hat einen »Aufpasser« an Bord, der die Verhältnisse weit besser kennt als außerhalb stehende Parteien. Bei dem privaten Großaktionär geht es um deutlich größere Vermögensbeträge. Er hat also weit mehr zu verlieren als alle anderen. Erfahrungsgemäß ist diese Verbundenheit mit der Gesellschaft vor allem in Krisenzeiten weit mehr wert, als nur fremde Manager im Aufsichtsrat sitzen zu haben. Es ist das langfristige Verständnis für den eigentlichen Kern der Firma, welches Gründer bzw. Gründerfamilien auszeichnet. Ich nenne dies den »Kinder-

Frühstückseffekt«. Von klein auf wachsen viele Familienmitglieder zu Hause mit den Themen des Unternehmens auf. Alle Gespräche kreisen um die Probleme des Geschäftsalltags. Dieses unmerkliche Lernen, unzählige Erfahrungen aus der Branche und Unternehmensführung aufzusaugen, unterscheidet später den erwachsenen Familienunternehmer von einem einfachen Angestellten.

Ich unterscheide grundsätzlich zwischen zwei Familien AG-Konstellationen:

- Die ideale Ausgangsbasis: Der Gründer und Pionier ist noch an Bord und hält die Zügel in der Hand. Da gibt es einige Super-Erfolgsbeispiele. Bei der Optikerkette Fielmann AG ist Günther Fielmann die herausragende Figur. Ein Branchenpionier. Hier profitiert der freie Aktionär eins zu eins vom Lebenswerk des Großaktionärs. Doch aufgepasst: Das ist nicht bei allen Pionierunternehmern an der Börse so. Es kommt ganz auf die charakterliche Haltung an. Arbeitet der Großaktionär gerne für seine Aktionäre? Oder empfindet er sie als lästige »Trittbrettfahrer«? Im letzteren Fall muss sich der Aktionär auf eine Schlittenfahrt gefasst machen. Kurse werden in einer Börsenkrise erst recht fallen gelassen und am Kurstief kommt dann ein Abfindungsangebot mit magerem Aufschlag. Der Großaktionär nutzt die Baisse in der Kursnotiz, um endlich seine Aktionäre loszuwerden. Er kann den Gedanken der »Mitesser« nicht ertragen. Eine Abfindung im Börsentief ist eine ganz unangenehme Sache, da der Kursverlust dauerhaft einzementiert wird. Die Gelegenheit die Kursverluste wieder aufzuholen, ist einem bei dieser Aktie für immer aus der Hand genommen. Genauso ist es vielen Aktionären vor über zehn Jahren bei der Bohrerfirma Hilti AG an der Züricher Börse ergangen. Das war ein echter Jammer.
- Die zweite Generation oder nachfolgende Generationen sind am Drücker: Nach meiner langjährigen Erfahrung ist hier ein ganzer Katalog von Punkten wichtig:

  1. Die Vertreter der Nachfolge-Gründergeneration sollten sich öffentlich zu »ihrem« Unternehmen bekennen.
  2. Sie treten auch in Erscheinung.

3. Sie leben privat vor Ort (und sind nicht in die Karibik oder nach Florida ausgewandert), was den sogenannten »Kirchturmeffekt« auslöst.
4. Sie entsenden ein Familienmitglied als aktiven, dauerhaft »engagierten Aufpasser« in das Unternehmen.

Als herausragende Beispiele möchte ich zwei Aktiengesellschaften erwähnen. Bei der Düsseldorfer Henkel AG ist die Familienentsandte Dr. Simone Bagel-Trah eine entscheidende Figur bei der Symbiose aus Management und Kapitalinteressen. Die Darmstädter Pharmazie- und Spezialchemiefirma Merck hat mit Dr. Frank Stangenberg-Haverkamp einen »Familienclan-Vertreter« in den Kontrollgremien, der wichtigen Einfluss auf die Entwicklung des Merck Konzerns genommen hat. Ich habe selten einen so hart arbeitenden Aktionärsvertreter erlebt. Unermüdlich ist er im Einsatz und reist unerschrocken in die hintersten Winkel der Emerging Markets, um am Puls des Geschehens zu sein.

Nicht alle Börsennotizen mit Gründerfamilien sind in der Vergangenheit erfolgreich gewesen. Nach meinem Research ist jedoch der Anteil interessanter Aktiengesellschaften erstaunlich hoch. Und nicht immer geht eine »Going-Private-Abfindung« schlecht für die Aktionäre aus. Mein Lieblingsbeispiel habe ich ja schon erwähnt: die Wrigley-Aktie.

Zum Glück bleiben aber doch noch eine ganze Reihe von Aktiengesellschaften an den Börsen notiert, bei denen man als Geldanleger »mitsegeln« kann. Am Steuer sind Gründerfamilien beim Brauereikonzern Heineken, in der Schweiz bei der Aufzugsfirma Schindler, in Finnland beim Konkurrenten Kone AG, in Frankreich beim Weltmarktführer in der Außenwerbung JC Decaux, um nur einige weitere zu erwähnen. Hier hat es sich für den Aktionär überdurchschnittlich gelohnt, sich den Unternehmerfamilien anzuvertrauen.

So weit so gut. Aber, bevor ich schließe, möchte ich noch auf einen wichtigen Punkt hinweisen: Vorsicht vor den Falltüren der Megareichen! Ich mache immer wieder die Erfahrung, dass auch kluge Geldanleger dieses Thema zu naiv angehen. Aus dem Musical *Anatevka* (*Fiddler on the Roof* nach dem Roman von Scholem Alejchem) ist mir schon Ende der 1960er-Jahre ein Passus besonders in Erinnerung geblieben. Tevje, der Milchmann, wünscht sich reich zu sein. In seinem Lied »Wenn ich einmal reich wär« heißt es: » ... es wär ganz egal, ob ich denen richtig rate oder falsch, denn wenn man reich ist, gilt man auch als klug.« Ein wichtiger Satz, über den man einmal in Ruhe nachdenken sollte.

Genau diese fatale »Ehrfurcht« vor privatem Großreichtum ist häufig die Ursache für krasse Fehlinvestments. Nur weil ein Unternehmer reich ist, heißt es noch lange nicht, dass man ihm mit seinem Geld als Mitaktionär blind folgen sollte. Ich möchte an dieser Stelle keine Namen oder Aktiengesellschaften nennen. Die Liste würde zu lang. Aber zwei allgemeine Beobachtungen möchte ich Ihnen mitgeben:

1. **Reichtum und Erfolg** – *in einer anderen Branche erworben, sind kritisch zu betrachten, wenn sie als Maßstab für Investmententscheidungen herangezogen werden. Als Beispiel: Noch so große Erfolge im Automobilbau, die ein Großaktionär dort vorweisen kann, bedeuten noch lange nicht, dass er ein verlässlicher Großaktionär bei einer Akquisition in der Chemieindustrie werden wird. Die landläufig anzutreffende Haltung ist jedoch: »Die sind ja Milliardäre, die werden schon wissen, was sie da tun.« Unsinn, hier ist äußerste Vorsicht geboten. Einen Schritt aus der angestammten, gelernten Branche in ein anderes Business-Segment ist für mich ein Alarmzeichen. Das Gleiche gilt übrigens auch bei der »Eroberung« völlig neuer geographischer Märkte, in denen man vorher keine Erfahrung gesammelt hat. Wie viele Akquisitionen europäischer Unternehmen sind in den Vereinigten Staaten von Amerika schon in die Hosen gegangen!*

2. **Finanzjongleure, Banker:** *Superreiche Investoren, die als Matadore an der Börse in den Guru-Status aufrücken, sich dem Glanz der Börsensonne genüsslich ergeben oder als Dunkelmänner im Hintergrund die Strippen ziehen mit dem Mythos eines Midas. Auch hier würde ich zur Vorsicht raten. Die Liste dieser Player, welche die Mitaktionäre viel Geld gekostet haben, ist lang. Mangelnde Fachkenntnisse in einer Branche sind durch Finanzmanipulation und -trickserei nicht zu ersetzen.*

7. Die Grundsatzfrage: Innovator oder Imitator?

Die Analyse der Corporate Culture von Unternehmen ist für den Investor von großer Bedeutung. Dabei wird meist übersehen, dass es nur zwei Ur-Typen von Unternehmen gibt: Innovatoren und Imitatoren. Die Firmenkultur muss dazu passen.

Von außen kann man es nicht auf den ersten Blick erkennen. Für den Investor auf der Suche nach einer guten Aktienanlage ist die Beantwortung der Frage gar nicht so einfach: Um was für einen Typ von Unternehmen handelt es sich? Ist die Firma ein waschechter Innovator oder ist es eher ein vertriebsorientierter Imitator? Ist dieser Punkt geklärt, muss geprüft werden, ob die Firmenkultur des Unternehmens – die Corporate Culture – auch stimmig zum Geschäftsmodell passt.

Wenn Unternehmen diszipliniert ihrem Business-Ansatz folgen und mit den richtigen Leuten arbeiten, können sie sowohl als Imitatoren als auch als Innovatoren langfristig überdurchschnittliche Erfolge erzielen.

Unter den Investoren werden die Aktien favorisiert, die im Ruf stehen Innovatoren zu sein. Es ist aber eher eine Geschmacksfrage, in welcher Kategorie von Firma der Aktionär sich besser aufgehoben fühlt. Innovatorisch geprägte Aktiengesellschaften haben nicht von vornherein einen Vorsprung. Der Risikograd ist bei den Innovatoren höher. Die Ergebnisentwicklung ist weniger prognostizierbar. Dafür sind die Chancen, dass die Aktie plötzliche Kurssprünge macht und zu neuen Ufern aufbricht größer.

Fokussierte Unternehmen im Business-Segment »Imitator« haben verlässlichere Geschäftsmodelle. Sie gehören zu den Gewinnern der Globalisierungswelle. Die Expansionsmöglichkeiten sind bei den erfolgreichen Imitatoren oft auf Jahre hinaus kalkulierbar. Ihr Potenzial als ein weniger schwankungsanfälliges Investment wird unterschätzt.

Innovatoren

Wenn man an Innovatoren denkt, kommt einem unweigerlich Silicon Valley in den Sinn. Ohne Frage, die dominanten Aktiengesellschaften wie Alphabet (Google) und Apple haben mit ihrem ausgeprägt dynamisch-liberalen Arbeitsumfeld neue Maßstäbe in der innovativen Arbeit gesetzt. Hier stehen wir erst am Anfang eines neuen Typus von Firmenkultur.

Aber nicht alle amerikanischen Unternehmen, die seit Langem mit Innovationen glänzen, brauchen eine Art »Hippie-Kultur«. Der Konzern 3M ist ein wahrer Meister des rundherum innovativen Arbeitens und hat seine ganz eigene Firmenkultur geschaffen. Ein Atmosphäre, in der zum Experimentieren motiviert wird.

Innovation ist also nicht zwingend an ein Turnschuh-Outfit, eine Kuschelecke und Partyräume im kalifornischen Stil gebunden. In Europa gedeihen extrem innovative Unternehmen durchaus mit hierarchischen Organisationsstrukturen. Hier wäre der erfolgreiche Weltkonzern L'Oréal zu erwähnen, der straff und zentralistisch von Paris aus gesteuert wird.

In den deutschsprachigen Ländern finden Aktienanleger hervorragende Innovatoren mit einer eher militärischen Führungsstruktur. Den Zugangs- und Türspezialisten Dorma-Kaba, hervorgegangen aus der Fusion der Schweizer KABA AG und der privaten deutschen DORMA Gruppe, würde ich hier erwähnen. Bei der Schweizer Sanitärfirma Geberit AG sehe ich den Fall ähnlich. Als Value-Investor mag ich diese alteingesessenen Unternehmen. Sie schaffen es, in einer traditionellen Firmenkultur, Mitarbeiter an sich zu binden, die die Innovation dauerhaft vorantreiben.

Die Kunst des Top-Managements liegt darin, genau das Umfeld zu schaffen, in dem die letzten Reserven des innovativen Sich-Einbringens mobilisiert werden. Und dies ist nun einmal in jedem Land und in jeder Branche ein anderes.

Imitatoren

Die Stärke der Unternehmen, die auf das Kreieren eigener Innovationen verzichten, liegt im hoch effizienten Auswalzen des Geschäftsmodells über den Globus. Während deutsche Firmen besonders erfolgreich exportieren können, sind die Amerikaner die naturbegabten

Weltmeister des »Roll-outs«. Mit ihrem Missionseifer und ihrem historischen Background einer Einwanderer-Pionier-Nation, sind sie es gewohnt, Neuland »vor Ort zu beackern«.

Spitzenreiter in dieser Kategorie ist sicherlich Coca Cola aus Atlanta. Kaum ein Winkel in der Welt, der nicht schon von einem Coca Cola Landesvertreter aufgesucht worden ist. Zeichnet sich bei der Konkurrenz eine innovative Erfolgsgeschichte ab, so wird das Unternehmen aufgekauft oder an sich gebunden. Zuletzt ist dies im Segment der »Energy Drinks« mit der Marke Monster passiert.

Noch am Anfang eines echten globalen Roll-outs steht Ecolab, ein Reinigungs-Chemikalien-Produzent aus Minneapolis. Wie kaum ein anderes Unternehmen regiert Ecolab über Heerscharen von Reinigungs-Beratern für Kantinen, Schulen und Krankenhäusern. Über Jahrzehnte hat Ecolab wertvolle Erfahrung in diesem Routine-Business in den Vereinigten Staaten aufgebaut. Hier geht es nicht um innovative Produktentwicklungen, sondern die tagtägliche Feinsteuerung des »People-Managements.« Über die nächsten Jahrzehnte sind die Expansionsmöglichkeiten im Ausland aussichtsreich.

Gemischte Firmenkulturen – nein, danke

Als Value-Investor glaube ich an die Kraft der Fokussierung auf eine Aufgabe: Innovation oder Imitation. Beide Geschäftsmodelle können an der Börse langfristig attraktive Anlagemöglichkeiten sein. Fehlt eine dieser beiden Komponenten, wäre ich als Aktionär skeptisch.

Vorsichtig bin ich auch, wenn ein Unternehmen beide Felder unter einem Dach abzudecken versucht: ein wenig Innovator und ein bisschen Imitator. Dazu ist allein schon das Kostendenken und die Margen-Kalkulation viel zu unterschiedlich. Das sind getrennte Welten.

Dies ist auch die Krux bei der Beurteilung des Pharmakonzerns Novartis in Basel. Forschende Pharmaindustrie auf der einen Seite und das Generikageschäft unter der Flagge Sandoz-Hexal auf der anderen. Diese ungewöhnliche Kombination zweier Geschäftsmodelle, die grundverschieden sind, war schon vor Jahren der ausschlaggebende Punkt, warum sich die Roche-Erben gegen eine Fusion mit Novartis ausgesprochen haben. Im Ergebnis ist Novartis dann ja mit seiner Roche-Beteiligung als »Finanzbeteiligung« stecken geblieben.

Für mich ist der Menschentyp, der sich gern in ein Innovationsumfeld einbringen möchte, zu verschieden von dem klassischen »Roll-out-Imitator-Mitarbeiter«. Letzten Endes geht es ja um die Motivation, mit der sich auch ein großer Personalbestand mobilisieren lässt.

Von den Finanz- und Bankanalysten, die nur selten in einem Industrieunternehmen gearbeitet haben, wird übersehen: Für den Erfolg eines Unternehmens ist kaum ein Faktor so wichtig, wie der Wohlfühl-Effekt eines zufriedenen Alltags eines jeden Mitarbeiters.

8. Der CEO sitzt an der Ruderpinne

Der Aktionär überlässt sein Kapital der Aktiengesellschaft. Ab dann sitzt der CEO, der Vorstandsvorsitzende, an der Ruderpinne. Doch welcher Geldanleger macht sich ein Bild von dem Kapitän auf der Kommandobrücke seines Kapitals?

In der Regel verfolgt er die Geschicke seiner Aktiengesellschaft in der Zeitung, in Finanzmagazinen und den elektronischen Medien. Soweit er kann, studiert er die publizierten Quartals- und Jahresergebnisse. Eventuell schaut er sich sogar die Bilanz näher an und versucht diese zu analysieren. Falls er viel Zeit erübrigen kann und zudem mobil ist, besucht er einmal im Jahr die Hauptversammlung. Aber damit gehört er schon zu einer verschwindend kleinen Minderheit.

In seinem Bemühen, einen Griff auf die Bonität und Verlässlichkeit seines Investments zu bekommen, hat er jedoch einen gewichtigen Aspekt übersehen. Er befindet sich dabei allerdings in guter Gesellschaft. Ich habe in all den Jahren kaum Aktionäre getroffen, die sich ein klares Bild und eine sichere Meinung über die Persönlichkeit des Vorstandsvorsitzenden, des CEOs gemacht haben. Und dies, obwohl er letzten Endes die ausschlaggebende Person ist. Auf Gedeih und Verderb ist die Entwicklung des Kapitals des Investors von ihm abhängig. Selbst bei noch so großen Konzernen ist der CEO in der Lage, das ganze Schiff in die eine oder andere Richtung zu lenken.

Im Lauf meines Berufslebens habe ich einsehen müssen, dass ich mindestens zwei Jahre benötige, bis ich einer Person »hinter die Stirn gucken« kann. Vorausgesetzt, ich habe näher mit ihr zu tun. Diese Chance wird mir als freiem Aktionär bei der Beurteilung des CEO natürlich nicht gegeben.

Deshalb habe ich mir antrainiert, genau auf den CEO zu schauen und möglichst viele Erkundigungen über ihn einzuholen. Und zwar von verschiedenen Seiten. Auch Gerüchten, die mir zugetragen werden, gehe ich nach, um auf den wahren Kern zu stoßen. Denn mein Kapital ist mir einfach zu wichtig. Ich empfehle vor allem, den CEO einmal leibhaftig aus der Nähe zu erleben. Oft hat sich damit jede weitere Investmentüberlegung erledigt.

In meiner Einschätzung des CEOs reagiere ich höchst sensitiv auf Signale, die mir Aufschluss über seinen Charakter, seinen Typ und seinen Führungsstil geben. Es ist jedem Investor dann selbst überlassen, welche Konsequenzen er aus seiner Beurteilung zieht. Eine generelle Messlatte gibt es nicht. Viel hat auch mit der Einstellung des Aktionärs zur Business-Ethik zu tun. Was dem einen Aktionär massiv an seinem CEO missfällt oder sauer aufstößt, lässt den anderen Investor kalt.

Im Kaleidoskop der CEOs ist die Bandbreite des »Menschlichen«, auf das Sie treffen werden, breiter als Sie denken. Ein Blick hinter die Kulissen bringt oft Erstaunliches zu Tage. Zur Anschauung kommen mir vier Beispiele in den Sinn, die mir in meinem Investorenleben begegnet sind.

Der CEO als Galopp-Rennstallbesitzer

Wir haben es mit einem altehrwürdigen Pharmaunternehmen von Weltbedeutung zu tun. Es wird von der Gründerfamilie seit Generationen beherrscht. Die freien Aktionäre sind an der Börse mit ihren Investments sehr gut gefahren.

Nun wird ein neuer CEO ernannt. Aus informierten Kreisen ist zu hören, dass der neue Wirtschaftskapitän in seiner Freizeit im Galopp-Rennsport tätig ist. Es heißt, er unterhält einen kostspieligen Rennstall. Einigen der alten Clanmitgliedern missfällt das.

Hat der Mann auf so einem wichtigen Posten denn dafür überhaupt genügend Zeit? Was ist mit dem Wett-Milieu auf den Galopprennbahnen? Oder sind die großen Aktionäre am Ende nur neidisch? Auf der anderen Seite ist zu vernehmen, dass der CEO einen untadeligen Berufs-Background aufweist. Zudem hat er gleich mehrere Universitätsabschlüsse in der Tasche. Offensichtlich handelt es sich um einen Überflieger.

Nun stellt sich die Gretchenfrage. Bislang haben Sie als Aktionär mit Ihrem Engagement in der Pharmaaktie nur gute Erfahrungen gemacht. Wie reagieren Sie auf die Ernennung einen solchen CEOs?

Der CEO hat so gut wie keine Aktien

Als Aktionär bin ich immer wieder entsetzt, wenn ich erfahre, dass »mein« CEO (genauso wie der Aufsichtsrat) nur einen lächerlich kleinen Betrag in die Aktien der Firma investiert hat, die er selbst leiten soll. Das habe ich in fast allen Branchen, vor allem in Deutschland, immer wieder erlebt. Und jedes Mal bin ich aufs Neue geschockt. Auf dieses Thema in der Hauptversammlung von mir angesprochen, habe ich die schönsten »Märchen« zu hören bekommen. Wir machen es kurz: Man kann es drehen und wenden wie man will, wenn der CEO nicht substanziell mit investiert ist, gehen bei mir die Alarmglocken an.

Vom massiven Krach keinen Ton

Es war vor Jahren bei einem bedeutenden Unternehmen der Ölindustrie in Amerika. Während des Jahres wurden – völlig überraschend und entgegen der Firmenkultur – sowohl der Chief Operating Officer als auch der Präsident des Unternehmens von jetzt auf gleich entlassen. Gespannt sah ich der Veröffentlichung des Jahres-Geschäftsberichts entgegen. Ich konnte es kaum erwarten, die Ansprache und den Jahresrückblick des CEOs zu lesen. Als ich mit meiner Lektüre zu Ende war, habe ich mir erstmal die Brille geputzt.

Mit einigen Sorgenfalten auf der Stirn musste ich feststellen, dass zu dem Vorfall des Top-Management-Wechsels nicht mit einem Wort Stellung genommen wurde! Wir dürfen ja nicht vergessen: Der Geschäftsbericht ist ja nicht irgendeine PR-Werbemaßnahme. Der Bericht an die Aktionäre ist der offizielle Report an die Eigentümer der Firma, wie ich ja schon zuvor dargelegt habe.

Der angestellte CEO hat es in diesem Fall nicht für nötig befunden, seine Eigentümer aufzuklären, was auf der obersten Führungsetage vorgefallen war. Bemerkenswerterweise wurden keine Nachfolger ernannt. Stattdessen nahm der CEO nun zeitgleich auch noch die Rolle des Chief Operating Officers und des Präsidenten in Personalunion ein. »CEO, President and COO« hieß es fortan auf seiner Visitenkarte.

Was soll der Aktionär davon halten? Ich möchte nur am Rande erwähnen, dass die Aktie in den folgenden 24 Monaten um über 50 Prozent im Kurs gefallen ist. Doch hatte das mit dem Charakter des CEOs zu tun? Ich überlasse Ihnen die Antwort.

Der CEO im Pendelbus

Ganz und gar missfällt mir, wenn der CEO für seinen neuen Job nicht bereit ist, privat umzuziehen. Bei einer mittelgroßen Aktiengesellschaft im Rhein-Main-Gebiet reiste der CEO montags mittags an, in der Regel vom Verkehr gestresst, und im Verlauf des Donnerstags begab er sich regelmäßig auf »Geschäftsreise«.

Ich halte viel von der Arbeit im Homeoffice und von Video-Konferenzen. Die Ernennung zum CEO ist jedoch kein kleines Nasenwasser. Es geht hier nicht um irgendeinen Angestellten. Gerade bei den kulturellen Unterschieden innerhalb der meisten Länder ist es aus meiner Sicht unerlässlich, dass sich ein CEO auch privat dort einbringt, wo er die Verantwortung für Kapital und Arbeitsplätze übernommen hat. Mit der reinen Abwicklung der Schreibtischarbeit ist es da nicht getan. Die zwischenmenschlichen Töne bleiben auf der Strecke und vieles mehr, wenn der CEO unter der Woche nur so »rein- und raussegelt«.

Diese vier Beispiele möchten hier genügen. Sicher haben Sie aus Ihrem eigenen Umfeld das ein oder andere in dieser Hinsicht erlebt oder gehört. Wie auch immer, bevor Sie Ihr Kapital investieren oder in einer Aktie weiterhin engagiert bleiben, achten Sie auf die Ernennung der Vorstandsvorsitzenden. In Anlehnung an einen schönen Pop-Song möchte ich dazu nur sagen: »What a difference a CEO makes.«

9. Der Finanzvorstand – der Botschafter der Aktionäre

Der Finanzvorstand als Zahlenknecht? Bitte nicht. Er sollte der Botschafter für die Aktionäre sein.

Nur wenige Positionsbeschreibungen auf der Führungsetage werden so unterschiedlich ausgelegt wie der Job des Finanzvorstands. Es gibt kaum eine Aktiengesellschaft, bei der die Rolle und die Aufgabenstellung des Finanzvorstands (CFO, Chief Financial Officer) der anderen gleicht.

Personalberater, wie Korn Ferry, Spencer Stuart, Heidrick & Struggles und Egon Zehnder, können über die Debatten bei der Stellenausschreibung für die Suche eines neuen CFOs ein Lied singen. Meistens wird der Bedeutung des Finanzvorstands für das Firmenschicksal nicht genug Gewicht gegeben.

Das Spektrum der Finanzvorstände, die ich auf meinen Firmenbesuchen vor Ort oder auf Hauptversammlungen erlebt habe, reicht vom einfachen Buchhalter bis zum charismatischen Unternehmenslenker und Unternehmer.

Ohne Frage, die Geschäfte des Unternehmens müssen von einem kompetenten Vorstandsvorsitzenden, dem CEO (Chief Executive Officer) geführt werden. Nach meinem Verständnis ist er der unumstrittene Kapitän auf der Kommandobrücke. Mit Vision und Weitsicht liegt es in seiner Hand, die Geschäfte auszubauen und die richtigen Weichenstellungen zu legen.

Der Finanzvorstand dagegen muss innerhalb des Führungsteams derjenige sein, der dafür sorgt, dass an den Geschäften der Firma auch genügend verdient wird. Er ist verantwortlich, dass das Schiff mit der richtigen Ladung die Häfen erreicht, eine Ladung, die die Zukunft des Unternehmens sichert und gleichzeitig lukrativ für die Kapitalgeber ist.

Aus meiner aktiven Managerzeit in der Industrie in Australien, Singapur und Deutschland weiß ich, wie sehr der Ressortegoismus in den Unternehmen vorherrscht. Werfen wir einen Blick hinter die Kulissen:

Produktion

Die für die Produktion Verantwortlichen plädieren »non-stop« für eine hochwertigere Ausstattung des Maschinenparks. Jede technische Innovation fällt bei ihnen auf fruchtbaren Boden. Die Auswirkungen auf die Kostenstruktur werden von ihnen durchaus schon einmal »vergessen«. Es gibt ihn halt, den echten »Techniker«.

Vertriebsabteilung

Eine starke Vertriebsabteilung kommt traditionell und zwar im regelmäßigen Turnus mit weiteren Rabattforderungen daher. Die Konkurrenz und die dominante Stellung der Einkäufer machen es für den Absatz der eigenen Produkte unumgänglich, Preiszugeständnisse einzuräumen, so lautet der Tenor. Ansonsten sei eben kein Umsatz mehr zu machen. Auf den Verfall des gesamten Betriebsergebnisses wird wenig Rücksicht genommen. Die Vertriebsbeauftragten sind wahre Meister bei der Überbringung von Horrormeldungen von der »Front«. Sie betrachten ihre Kollegen als »Stubenhocker hinter dem warmen Ofen«, die von ihren Verkaufserfolgen leben.

Marketingabteilung

Im Gegensatz dazu spucken die Marketingexperten Gift und Galle und fordern vehement eine Stärkung des Marketingbudgets für den langfristigen Erhalt des Markenwerts der Erzeugnisse. Der Kampf um Marktanteile geht eben nur über die Verankerung des Images bei den Kunden. Der klassische Product Manager fühlt sich, selbst bei üppigen Budgets, an der kurzen Leine und in seinem Wirken behindert. Auch er möchte eine weitere Scheibe vom Kuchen, natürlich auch hier zu Lasten des Gesamtertrags der Firma. Er hasst den »Vertriebler« mit seiner servilen Haltung gegenüber den Einkaufsabteilungen.

Allen Divisionen ist gemeinsam, dass sie mit schlagkräftigen Argumenten eloquent ihren Standpunkt verteidigen. Diese sind nicht so ohne Weiteres vom Tisch zu wischen. Der Vorstandsvorsitzende hat zwar die letzte Entscheidungshoheit, doch nicht in jedem CEO schlägt ein Herz mit Liebe zugunsten der Kapitalverzinsung der Aktionäre.

Die Vorstandsvorsitzenden, die ich erlebt habe, kann man letztlich in zwei Gruppen einteilen. Entweder sie sind nicht visionär genug und gehen zu ängstlich vor. Sie kleben an den vorgegebenen Budgetzahlen. Voller Furcht begegnen sie den Bankanalysten und lassen sich von diesen im »Klein-Klein« der angekündigten Bilanz- und Ergebnisdaten festnageln. Der große Wurf, die Entfaltung des eigentlichen Potenzials des Unternehmens kommt zu kurz.

Auf der anderen Seite haben wir den Vorstandsvorsitzenden, der einen ausgeprägten Hang zum Größenwahn hat. Er arbeitet rein wachstumsorientiert und denkt in quantitativen Größenordnungen von Umsatz und Marktanteilen. Für die »Finanzfritzen« hegt er eher Mitleid. Er verachtet den CFO letzten Endes und ärgert sich über ihn. Für diesen Typ von CEO ist der Finanzvorstand der klassische kleinkarierte »Geschäftsbremser«. Glauben Sie mir, das habe ich alles schon erlebt.

Aus all diesen Gründen ist es für den Geldanleger und Aktionär wichtig, sich ein klares Bild über »seinen« Finanzvorstand zu machen. Es reicht nicht aus, einen Finanzexperten zu beschäftigen, der im Nachhinein die Daten korrekt erfasst und dokumentiert. Dem Finanzvorstand muss von Anfang innerhalb des Vorstands eine starke Rolle zugedacht sein. Er ist entscheidend, dass dauerhaft vernünftige Geschäfte gemacht werden. Da muss er von der Stunde »null« mit involviert sein.

Mir ist es am liebsten, wenn hinter einer großen CEO-Persönlichkeit als Nummer zwei im Unternehmen ein extrovertierter CFO steht. Seine Position darf nicht angefochten werden. Dabei sehe ich einen guten Finanzvorstand nicht nur in einer unternehmensinternen starken Position.

Nach außen hin ist der Finanzvorstand der entscheidende Mann, die intelligenteste Form der Finanzierung aufzutreiben. In schweren Krisen obliegt es ihm, die Bonität des Unternehmens gegenüber der Finanzwelt zu verteidigen. Ein »Wegducken« ist für den Aktionär da nicht hinnehmbar.

Außerdem stehe ich auf dem Standpunkt, dass der CFO auch eine Mitverantwortung trägt, dass die Börse das Unternehmen richtig versteht und es auf Dauer zu einer fairen Kursnotierung kommt. Das Argument, das ich schon oft zu hören bekommen habe, »für die Börsenkurse können wir ja nichts«, ist nicht stichhaltig. So läuft es nicht im realen Leben.

Aufschlussreich ist der Besuch einer Hauptversammlung. Beobachten Sie die Vorstandsbühne genau. Allein aufgrund der Körpersprache werden Sie einen Eindruck von dem Tandem CEO und CFO bekommen.

Achten Sie darauf, wer welche Fragen beantwortet – und vor allem wie. Wird die ganze Show vom Vorstandsvorsitzenden dominiert? Falls der Finanzvorstand mit herunterhängenden Schultern wie eine graue Maus oben vor dem Aktionärsplenum sitzt, der Beantwortung kniffliger Fragen ausweicht und eher »mauert«, würde ich mein Engagement in der Aktiengesellschaft gründlich überdenken. Ein guter Botschafter Ihrer Interessen wird er unter Umständen nicht sein.

10. Dimensionen des Weltgeschäfts

Die tonangebenden Unternehmen wachsen in ungeahnte Dimensionen. Bei der Börsenbewertung wird das meist übersehen. Für die Geldanleger bedeutet dies ein Umdenken bei der Einschätzung der Chancen.

Vielen Geldanlegern erscheinen die Börsenbewertungen von Top-Unternehmen auf hohem Niveau. Ein rein rückwärts gerichteter Blick auf die historischen Höchst- und Tiefstkurse ist jedoch irreführend. Die Welt für global agierende Firmen hat sich nachhaltig geöffnet. Mit Ausnahme ganz weniger Länder, wie beispielsweise Zimbabwe oder Nord-Korea, ist der westlich geprägte Konsum und der technologische Fortschritt unaufhaltsam, weltweit auf dem Vormarsch.

Seit Langem plädiere ich dafür, dass jeder Börseninvestor einen großen Globus in seinem Büro haben sollte. Der fehlende Blick auf die Weltdimensionen ist schon manchem zum Verhängnis geworden. Ich denke da zum Beispiel an Napoleon. Der enge Fokus auf die uns nahestehenden oder uns bekannten Länder bei der Beurteilung von Geschäftsperspektiven kann zu fatalen Fehleinschätzungen führen.

Die Kraft der nackten Zahlen ist beeindruckend. Betrachten wir beispielsweise ein Land wie Bangladesh. Außer Horrormeldungen von Naturkatastrophen und Unglücken ist uns wenig bekannt. Wie viele Menschen leben dort? Ist das Land so groß wie die Bundesrepublik – 80 Millionen? Weit gefehlt. Es sind 160 Millionen Menschen, die in Bangladesh leben. Beim traditionellen Stiftungsdinner des Ostasien-Vereins in Bremen sagte mir kürzlich der Konsul von Bangladesh, dass dieses riesige Land sich etwa zehn Jahre in der Entwicklung hinter dem Nachbarstaat Indien befindet. Unterstellen wir einmal, dass jährlich nur ein Prozent der Bevölkerung seine Lebensumstände verbessern kann – so sind das 1.600.000 neue Kunden pro Jahr, die auf den Markt drängen.

Ein junger Verwandter von mir ist zurzeit in Südostasien als Kaufmann tätig. Er berichtete mir, dass es in Ostmalaysia (Sarawak) über 60 Schiffswerften, meist mittelständischer Größe, gebe. Die Zahl kam mir erstaunlich hoch vor – bis ich mir das Nachbarland Indonesien mit seinen 250 Millionen Einwohnern auf dem besagten Globus angeschaut habe. Indonesien ist ein Reich mit 13.000 Inseln. Wenn nur jede fünfte Insel mit einer modernen Fähre und einem Lastkahn erreicht werden sollen, so sind 2.600 Schiffe notwendig. Diese müssen gebaut, regelmäßig gewartet und repariert werden.

Dies sind Geschäftspotenziale von ungeahnten Ausmaßen auf Jahrzehnte hinaus. Und gleichzeitig erleben wir eine Epoche der Produktivitäts- und Logistik-Rekorde in den führenden Unternehmen in noch nie dagewesenen Proportionen. Die wahren Ausmaße sind den meisten Investoren nicht bekannt. Die TV-Medien werden von den Interessen und der Sichtweise der Politiker dominiert. Erfolgsmeldungen aus der Wirtschaft, zumal aus »fernen Ländern«, bleiben in den Abendnachrichten meist unerwähnt.

Der Geldanleger sollte sich nicht von scheinbar hohen Börsenbewertungen schrecken lassen. Denn die einfache Wahrheit lautet: Die Gewinner von heute werden auch die sicheren Gewinner bei der Wirtschaftseroberung der Märkte von morgen sein. Nicht derjenige, der noch viel aufzuholen hat, ist das attraktive Investment, sondern derjenige, der schon seit 20 Jahren die Nase vorn hat. Gegen die Finanzkraft und das Marketing-Vertriebsvermögen dieser »Power-Häuser« ist kaum noch anzukommen. Firmen, die sich nicht schon vor langer Zeit auf diese globalen Herausforderungen systematisch vorbereitet haben, werden schneller vom Markt verschwinden, als es den Investoren lieb sein wird.

Zur Veranschaulichung einige Beispiele aus der Welt der großen »Könner«. Täglich werden 1,9 Milliarden Getränke des Coca Cola-Konzerns konsumiert. Das entspricht einer Reichweite, die jeden vierten Erdbewohner am Tag erreicht. Wie will da eine kleinere Firma noch gegen eine solche Weltmaschinerie antreten? Ob man die Fastfood-Kette McDonalds mag oder nicht, fest steht, dass täglich etwa 62 Millionen Kunden bedient und versorgt werden. Das sind bei McDonalds mehr Kunden als die Einwohnerzahl von ganz Großbritannien (60,8 Millionen) – Tag für Tag, jahrein, jahraus. Stellen Sie sich diese Arbeit hinter den Kulissen einmal vor. Die Caféhaus-Kette Starbucks verarbeitet am Tag eine Million Liter Milch. Pro Tag werden 6,4 Millionen Papierbecher verwendet. Das sind über zwei Milliarden Becher im Jahr!

Der Logistiker UPS liefert am Tag 18 Millionen Pakete und Dokumente aus. Beim Internetversender Amazon sind es jährlich 3,3 Milliarden Artikel, die zum Versand kommen. Die Zahlen machen einen ganz schwindelig. Aber hinter den Zahlen steht eine gelebte Realität.

In China wird der meiste Einzelhandelsumsatz am »Tag des Singles« gemacht. Der chinesische Online-Händler Alibaba hat im Jahr 2015 einen Umsatz in Höhe von 13,3 Milliarden Euro an diesem einen Tag verbucht. Noch einmal wiederholt: An einem einzigen Tag wurden für 13,3 Milliarden Euro Umsätze bearbeitet! Welches Unternehmen kann solch eine Organisations- und Personal-Aufgabe stemmen? Übrigens: Im Jahr zuvor, in 2014, wurden »nur« 8,4 Milliarden Euro Umsatz am »Tag des Singles« bei Alibaba erlöst. Soviel zur »Krise« in China im Jahr 2015.

Nestlé ist seit 1911 in den Philippinen tätig, Unilever hat 1931 in Indien mit seinem Geschäft gestartet und ist seit 1933 in Indonesien vor Ort vertreten. Ein unschätzbarer Vorsprung an Zeit, Standortvorteilen, Erfahrung und Marktbearbeitung.

Auch bei der Finanzkraft sind die Unternehmen in neue Sphären vorgestoßen. Mit der schieren Macht der Kasse können sich diese Unternehmen jede Art der Forschung und Entwicklung leisten. Sie sind auch besser in der Lage, über viele Jahre kostspielige Marketingkampagnen zu fahren, um ihre Marken in neuen Ländern aufzubauen. Abhängig von irgendwelchen Banken sind viele von ihnen schon lange nicht mehr. Sie agieren supranational und sind in der Tat fast wie ein eigener Kosmos in sich.

Der Geldanleger kann es drehen und wenden, wie er will. In der Wirtschaft gehört die Zukunft zwei Gruppierungen: zum einen, den »Mega-Power-Häusern« und zum anderen, den innovativen Spezialisten, die schnell und mit fast geniehaften Charakter auf sich aufmerksam machen können. Ehrlich gesagt: An der Börse würde ich auf lange Sicht von allem anderen die Finger lassen.

11. Die Bedeutung der Bruttomarge – ein Blick genügt

Bei der Beurteilung von börsennotierten Aktiengesellschaften führt kein Weg an der Analyse der Bilanz und der Gewinn- und Verlustrechnung vorbei. Auf welche Ziffer ist dabei als Erstes zu achten, womit beginnt man als Investor dabei am besten?

Bilanzanalyse und das Studium der Gewinn- und Verlustrechnung sind eine trockene Materie. Wer als Investor darum einen Bogen macht, handelt unklug. Wem selbst das Fachwissen fehlt, der sollte zumindest einen geübten Bilanzleser zu Rate ziehen. Denn im Zahlenwerk spiegelt sich sowohl die Kraft und Leistung als auch die strategische Orientierung des Unternehmens wider.

Vor lauter »Zahlengewirr« auf Unmengen von Seiten weiß auch der Profi oft nicht, wo er den Hebel zum Einstieg in die Analyse ansetzen soll. Dabei wird eine kleine, unscheinbare Ziffer übersehen: die Bruttomarge!

Die Bruttomarge zeigt an, wie viel verdient wird, nachdem man die Herstellungskosten vom Verkaufspreis abzieht. Also: Eine Firma verkauft einen Artikel für 100 Euro. Die Herstellung und Verpackung kosten 60 Euro. Somit beträgt die Bruttomarge 40 Euro oder 40 Prozent.

Die ganze Kraft eines Unternehmens stammt aus dieser Bruttomarge. Ist sie einfach nicht groß genug, nützt alle »Zauberei« später nichts. Die Bruttomarge ist die Quelle aus der Forschung & Entwicklung, Innovation, Marketing & Werbung, Steuern, die Zuführung zu den Rücklagen und die Dividende finanziert werden muss.

Der Investor sollte grundsätzlich erst einmal nach Unternehmen mit hohen Bruttomargen Ausschau halten. Die Unterschiede sind enorm. Manche Firmen verdienen jedes Jahr 30 Prozent, andere wie zum Beispiel einige Brillenhersteller 70 Prozent (!) Bruttomarge.

Wenn man nicht mit einer Branche »verheiratet« ist und als Investor frei wählen kann, warum also sich für schwächere Firmen entscheiden? Die Antwort findet man nicht im Kurszettel – aber ein Blick auf die Bruttomargen hilft weiter.

Neben der absoluten Höhe der Bruttomargen-Ziffer gibt es noch einen zweiten wichtigen Aspekt zu beachten: die Entwicklung der

Bruttomarge über die Jahre hinweg. Hier bietet sich dem Investor ein hochinteressanter Einblick. Egal, was im Geschäftsbericht über die Absatzmärkte und Verkaufsbemühungen geschrieben wird, die Wahrheit zeigt sich reinrassig in der Entwicklung der Bruttomarge.

Dazu ein Beispiel: Die Umsätze des Unternehmens steigen von Jahr zu Jahr. Alle freuen sich. Gleichzeitig ist die Bruttomarge aber von 40 Prozent innerhalb von fünf Jahren, auf 36 Prozent gesunken. Dieser Umstand fällt aber kaum auf, weil die Firma bei der Forschung und im Werbebudget systematisch gekürzt hat. So wird ein steigender Jahresgewinn ausgewiesen und die Dividendenausschüttung an die Aktionäre sogar erhöht. Das Management wird gelobt, alle sind glücklich.

Die rückläufige Entwicklung der Bruttomarge ist eines der wichtigsten Alarmzeichen und ein ideales Frühwarnsystem für den Investor. Denn woher kommt eine rückläufige Bruttomarge? Was hat das zu bedeuten?

Nun, das Unternehmen kann de facto seinen Umsatz nur ausweiten, indem sie die Verkaufspreise reduziert. Entweder sind die Produkte schlichtweg zu teuer und es sind preiswerte Konkurrenten in den Markt getreten. Oder die eigene Verkaufsmannschaft ist nicht auf der Höhe und kapituliert vor der Macht der Einkäufer. Oder das Marketingkonzept hat versagt und kann die Qualität der Ware nicht entsprechend vermitteln. Vielleicht nagt aber schon der Zahn der Zeit an dem Standard der Firmenerzeugnisse.

In jedem Fall gilt es genau zu untersuchen, wo genau der Hase begraben ist. Unter Umständen kann sich der Investor gleich eine weitere Beschäftigung mit der Bilanz und dem Geschäftsbericht sparen und die Aktiengesellschaft aus seiner Investmentliste streichen.

12. Was nicht in der Bilanz steht – Kundenzufriedenheit

Viele Wege führen nach Rom, wenn es darum geht, den Wert und die Aussichten eines Unternehmens zu ermitteln. Doch fast alle Anleger und Analysten lassen eine Komponente außer Acht: die Kundenzufriedenheit.

Wenn Sie sich auf den Kopf stellen: im Kaufmännischen gibt es am Ende letztlich nur einen entscheidenden Erfolgsfaktor – nämlich die Kundenzufriedenheit. Intern können Unternehmer oder Manager Berechnungen anstellen, Preise anheben, Zulieferer in ihren Konditionen drücken, teure Unternehmensberatungen beschäftigen, neue Leute einstellen oder ganze Abteilungen schließen, sich in Meetings rumschlagen – es nützt alles nichts, wenn nicht die Kundenzufriedenheit dauerhaft gewährleistet ist.

Die Kundenzufriedenheit ist das Fundament, auf dem kaufmännisch alles basiert. Ohne Kundenzufriedenheit wird keine Firma auf lange Sicht bestehen – egal, wie groß sie ist. Deshalb beginne ich als Value-Investor in meinem Research immer mit drei grundsätzlichen Fragen:

1. Stellt das Unternehmen ein sinnvolles Produkt her, das überhaupt benötigt wird? Bietet die Firma eine Dienstleistung an, die ein echtes Marktbedürfnis abdeckt?
2. Im nächsten Schritt ist zu untersuchen, ob das Produkt oder die Dienstleistung eine hohe Wertschätzung bei den Kunden genießt. Dann betrachte ich die Konkurrenzsituation.
3. Erst wenn ich feststelle, dass die Kunden tatsächlich zufrieden, die Firma fest bei der Kundschaft etabliert ist, beginne ich mit der Analyse der Bilanz und Gewinn- und Verlustrechnung. Dort schlägt sich die ganze Wahrheit nieder. Hier sieht man unmissverständlich, ob die Firma gut wirtschaftet. Oder wird die Kundenzufriedenheit sozusagen mit viel zu niedrigen Gewinnmargen »erkauft«? Lebt der Laden von der Substanz? Von Unternehmen, die keine Preis-Durchsetzungsmacht besitzen, lasse ich die Finger.

Ich lege großen Wert auf diese Arbeitsschritte und investiere viel Zeit, wenn es um die Überprüfung der Qualität der Unternehmen geht. Persönliche Gespräche vor Ort bei den Firmen, Besuche auf Branchenmessen, Kontakte zur Konkurrenz und Gespräche mit ehemaligen Mitarbeitern, all das sind einige der Maßnahmen, die mich näher zur Beantwortung der Frage bringen: Hat diese Aktiengesellschaft eine fundamentale Existenzberechtigung auf der Basis »Kundenzufriedenheit« oder handelt es sich um einen Fall wie den »Untergang der Titanic«.

Schlusswort

Sie sind am Ende des »Handbuches« angekommen. Für Ihre Zeit und Ausdauer bei der Lektüre möchte ich Ihnen danken. Ich freue mich, dass Sie sich für die Börse interessieren. Es zeigt, dass Sie sich Gedanken um Ihr Kapital machen. Sie sind auf dem richtigen Weg.

Mein Ratschlag: Ganz gleich, ob Sie jung oder alt sind, bereits über erhebliche Kapitalien verfügen oder am Anfang mit Ihren Ersparnissen stehen, bleiben Sie am Ball. Wenn Sie es richtig anstellen, wird die Börse Ihr Leben bereichern – und zwar in vielerlei Hinsicht.

Noch eine Bitte: Wenn es Ihnen möglich ist, lesen Sie das »Handbuch« gleich noch einmal von vorn. Legen Sie es dann zur Seite. Heben Sie es in Ihrer privaten Bibliothek auf. Danach sollten Sie sich in Ihrem Kalender vormerken, dass Sie es einmal pro Jahr in die Hand nehmen. Keine Sorge, Sie werden schon merken, warum ich Ihnen diesen Rat geben.

Ihnen ein gutes Weiterkommen und Voranschreiten, wertvolle Lernmomente und viel Erfolg.

Mit den besten Wünschen verbleibe ich

Ihr Markus Elsässer

Über den Autor

Dr. Markus Elsässer wuchs als Sohn eines Botschafters in London, Hongkong und Paris auf. Im Anschluss an seine Banklehre und sein Wirtschaftsstudium arbeitete er als Wirtschaftsprüfer, ehe er 1986 vom *Manager Magazin* zu einem der Top-Ten-Nachwuchsmanager Deutschlands gewählt wurde. Seine Industriekarriere begann als Finanzdirektor bei Dow Chemical Deutschland, danach war er in Sydney als General Manager für Benckiser und schließlich in Singapur als Managing Director Asia-Pacific für die Storck-Gruppe tätig. Seit 1998 ist er selbstständiger Investor und Fondsberater sowie Gründer der ME-Fonds, die er seit mehr als 14 Jahren betreut. Für einige Jahre arbeitete er eng mit dem bekannten New Yorker Börsianer Guy Wyser-Pratte zusammen. Zusätzlich gründete er 2012 mit dem Profifußballer Simon Rolfes das Sport-Management-Unternehmen Rolfes & Elsässer. Er hat über 40 Jahre Börsenerfahrung und ist mit großer Passion ein bewusst unabhängiger Investor. Kennzeichnend für seinen Anlagestil ist ein tiefes Verständnis für die Geschäftswelt und ihre globalen Zusammenhänge. Als einer der ganz wenigen vereint er praktische Führungserfahrung in der Industrie, auch in fremden Kulturen, mit fundiertem Finanzwissen. Als Kolumnist schreibt er für die *Wirtschaftswoche*, das Magazin *BILANZ* und als Gastautor für *wallstreet online*.

Sie erreichen Dr. Markus Elsässer über die folgenden Kanäle:

me@markuselsaesser.com
www.markuselsaesser.com
facebook: Dr. Markus Elsässer
twitter: Dr. Markus Elsässer
youtube: Dr. Markus Elsässer

Business-Speaker: Seminare und Vorträge
Als Keynote Speaker referiert Dr. Elsässer über das Thema Finanzen und bricht mit Passion gewohnte Denkmuster auf.
Weitere Informationen: me@markuselsaesser.com

Die Essays von Warren Buffett

Warren Buffett | Lawrence E. Cunningham (Hrsg.)

Die Essays von Warren Buffett genießen seit mehr als zwei Jahrzehnten Kultstatus. Zusammengestellt und aufbereitet von einem der renommiertesten Experten für Value-Investing, Lawrence A. Cunningham, sind die hier zusammengefassten Briefe von Warren Buffett an seine Aktionäre ein unverklärter Einblick in die Investment-Philosophie des erfolgreichsten Investors aller Zeiten.

Über Buffett ist viel geschrieben worden, doch was hat er selbst zu sagen? Die Essays stammen aus Buffetts eigener Feder. Mit nüchterner Weisheit äußert er sich über seine Investmententscheidungen, wie er seine Teams auswählt und wie er Unternehmen bewertet.
Die vierte, komplett überarbeitete Ausgabe enthält neue, bisher unveröffentlichte Essays, unter anderem zum 50-jährigen Jubiläum von Berkshire Hathaway (2015) sowie von Charlie Munger.

304 Seiten | Hardcover | 34,99 € | ISBN 978-3-95972-003-8

Warren Buffetts fundamentale Investmentgeheimnisse

Jeremy Miller

Die Essenz der Partnership Letters – erstmals von Warren Buffett autorisiert!

Mit gerade einmal 26 Jahren und 100 US-Dollar gründete Warren Buffett 1956 seine erste eigene Firma, Buffett Partnership, bevor er 14 Jahre später mit Berkshire Hathaway zum erfolgreichsten Investor aller Zeiten wurde. Wenigen ist bekannt, dass er mit seinem ersten Unternehmen noch erfolgreicher war als später mit Berkshire Hathaway. Bis 1969 erzielte er eine durchschnittliche Rendite von fast 30 Prozent im Jahr. Zum ersten Mal erscheinen mit diesem Buch die gesammelten, kommentierten und von Warren Buffett exklusiv autorisierten Briefe, die er den Anteilseignern bei Buffett Partnership zwischen 1956 und 1970 schrieb, um seine Investmentstrategie darzulegen. Die »Ground Rules« oder Grundprinzipien, die er in seinen Briefen darlegte, sind für jeden Investor gleichermaßen wichtig, egal ob Anfänger oder Profi. Ein einmaliger Blick in die erfolgreichen Strategien des größten Investors der Welt – die Essenz der Partnership Letters.

368 Seiten | Hardcover | 34,99 € | ISBN 978-3-89879-932-4

Die Geheimnisse der Wertpapieranalyse

Benjamin Graham | David L. Dodd

Benjamin Graham ist der Vater der Wertpapieranalyse. In diesem unschlagbaren Buch gibt Ihnen der Autor aufsehenerregende Antworten auf alle Kardinalfragen der Geldanlage. Seit über 70 Jahren werden die Geheimnisse der Wertpapieranalyse nun schon an die jeweils nächste Generation von Anlegern weitergegeben. Warren Buffett beispielsweise, einer der reichsten Anleger der Neuzeit, bekennt sich ganz offen zu Benjamin Grahams Analysemethoden.
Schöpfen auch Sie Wissen und Kraft aus der Bibel der Wertpapieranalyse: Anhand von Grahams Wertpapieranalyse lernen Sie den inneren Wert eines Unternehmens kennen. Sie erfahren, was die Kennzahlen über ein Unternehmen verraten und wie Sie Bilanzen problemlos lesen und verstehen. Die Bewertung von Aktien bildet den Themenschwerpunkt. Handfeste Praxisbeispiele, klare Tabellen und sorgfältig ausgewählte Abbildungen machen dieses Buch zu einem Mega-Kompendium brillanter Informationen.
Die überlegenen Analysemethoden von Graham und Dodd in einem Buch der Extraklasse! *Die Geheimnisse der Wertpapieranalyse* - Wissen für jetzt und immer.

944 Seiten | Hardcover | 64,99 € | ISBN 978-3-89879-953-9

Die große Value-Investing-Box

Benjamin Graham

Benjamin Grahams Klassiker *Intelligent Investieren* zeigt, dass seine Strategien und Prinzipien bis heute gültig sind, denn sie finden bis in unsere Zeit hinein täglich erfolgreich Anwendung. Im Buch werden sowohl konservative als auch spekulative Anleger berücksichtigt und für beide Gruppen angemessene Strategien zur Aktienauswahl vorgestellt.

Der Investment-Klassiker erscheint erstmals als broschierte Version in einer edlen und limitierten Metallbox die zusätzlich eine exklusive Tasse, eine Postkarte und ein Poster enthält. Zudem liegt ein weiteres exklusives Buch bei, in dem die wichtigsten europäischen Value Manager über Ihre Erfahrungen mit Benjamin Grahams zeitlosen Investmentstrategien berichten.

640 Seiten | Hardcover | 59,99 € | ISBN 978-3-89879-976-8

Die Value-Investor-Ausbildung

Guy Spier

Wer träumt nicht davon, einmal ein weltweit erfolgreicher Investor zu werden? Guy Spier hat es geschafft.

Sein Abendessen mit Warren Buffett für 650100 US-Dollar. ist nur einer der vielen Höhepunkte einer langen Suche nach den erfolgreichsten Methoden des Value-Investierens. Doch wie wird man ein wertorientierter Investor à la Warren Buffett?

Die Value-Investor-Ausbildung begleitet Guy Spier auf seinem Werdegang von einem Möchtegern-Gordon-Gekko hin zu einem erfolgreichen Value-Investor. Er gibt praktische Tipps, wie Anleger bessere Investment-Entscheidungen treffen, und zeigt, wie er aus teuren Fehlern gelernt hat und wie jeder seinen eigenen Weg gehen kann.

240 Seiten | Hardcover | 24,99 € | ISBN 978-3-89879-901-0